WO DIE **WELT** AM **SCHÖNSTEN** IST

HERBERT YPMA

WO DIE **WELT** AM **SCHÖNSTEN** IST

30 unentdeckte Reiseziele

NATIONAL GEOGRAPHIC

INHALT

VORWORT

Eigentlich wollte ich dieses Buch „das Ergebnis von 20 Jahren Arbeit" nennen, aber 20 Jahre Reisen und Abenteuer als „Arbeit" zu bezeichnen, erschien mir seltsam. „20 Jahre Reisen und Abenteuer" trifft es aber auch nicht. Die Wahrheit ist: So gerne ich die Entdeckung der faszinierenden Orte in diesem Buch einem scharfen Auge und unermüdlicher Reiselust zuschreiben würde – meist war es reiner Zufall.

Das, denke ich, macht dieses Buch so fesselnd. Planen könnte man eine solche Sammlung nicht. Sie ist nicht das Ergebnis einer fokussierten Recherche. Die Geschichten folgen keiner Formel, und ich versichere, nichts ist erfunden. Sie berichten einfach davon, wie ich auf diese erstaunlichen Orte stieß: indem ich am Flughafen in einen „Hinterhalt" geriet, mich nachts in einem Mangrovensumpf voller Krokodile verirrte, in einem Ruderboot auf dem Meer festsaß oder auf einer kaputten Fähre einen tosenden Fluss hinabtrieb. Die wundervolle Beliebigkeit all dieser Zufälle, über 20 Jahre und den ganzen Globus hinweg verteilt, ist durch nichts zu ersetzen. Deshalb kommt dieses Buch einem Band mit Reiseerzählungen wohl näher als all meine früheren Werke. Echtes Reisen ist Gefühlssache, tief befriedigend und sicherlich eine der prägendsten Erfahrungen in unserem Leben.

Echte Abenteuer und Entdeckungen werden heute jedoch immer seltener, wo man bequem in einer beruhigend vertrauten, globalisierten Welt herumreist. Vor drei- oder vierhundert Jahren musste man nur einen Pfeil auf eine Weltkarte werfen und konnte sicher sein, an mysteriösen, aufregenden Orten zu landen, wohin man auch reiste. In einer Zeit, in der weltweit agierende Unternehmen bestimmen, was wir essen, anziehen, anschauen und hören, sehen große Teile der Erde ziemlich gleich aus. Das macht es umso wertvoller, ein einmaliges, wirklich fremdartiges Fleckchen Erde zu entdecken.

Dieses Buch ist kein Ratgeber für Billigreisen – solche Bücher gibt es in Hülle und Fülle, und sie veralten schnell. Vielmehr soll es daran erinnern, dass die fantastischsten Orte auf Erden an sich nichts kosten und dass die hinreißenden, authentischen Unterkünfte dort umso kostbarer sind. Die hier aufgeführten Hotels und Resorts sind herausragende Vertreter einer raren Gattung: unentdeckte Juwelen, die sich Außenseitern nur zögerlich preisgeben, dabei aber verblüffend zugänglich sind, weil sie so preiswert sind. Von solchen Orten träumen wir alle: mit echter Persönlichkeit, frei von jeder Markennormierung, in atemberaubenden Gegenden, die einem vor Augen führen, wie großartig dieser Planet noch immer ist.

Und man vergisst diese Orte niemals, zumindest habe ich keinen davon vergessen. Auch nach 20 Jahren habe ich mich noch ohne Notizen, ohne einen einzigen Schnipsel Referenzmaterial an jedes Detail erinnert. Von den brasilianischen Regenwäldern über die Weingüter Südafrikas bis hin zu einer vergessenen Insel im Golf von Siam sind diese verborgenen Juwelen in ihrer Schönheit, Authentizität und mit ihren erschwinglichen Preisen selbst für erfahrene Globetrotter eine Überraschung. Nun könnte man einwenden, dass ich durch die Veröffentlichung dieser Sammlung diesen faszinierenden Orten schaden könnte. Aber ich glaube daran, dass es stets besser ist, Wissen zu teilen, statt es unter Verschluss zu halten.

TRANCOSO
BRASILIEN

ETNIA POUSADA

*Farbe, Charme und lateinamerika-
nische Coolness im grünen Zentrum
der brasilianischen Hippiehauptstadt*

Trancoso ist das Bali Brasiliens. Die Menschen sind entspannt (kaum jemand trägt Hemd und Schuhe), die Atmosphäre ist locker und unprätentiös, die Landschaft üppig, die Kultur authentisch.

Trancoso liegt an einem unberührten Abschnitt der brasilianischen Bahiaküste; verfallene, grell bemalte Fischerhütten säumen den Strand, wie man das im tropischen Südamerika erwartet. Es gibt jedoch keine lärmenden Nachtklubs und dekadenten Strandrestaurants, wo sich gelangweilte Banker mit teurem Champagner bespritzen. Und es gibt keinen Verkehr – alle Orte erreicht man zu Fuß. Die Menschen reiten am Strand, schwimmen im türkisfarbenen Wasser und treffen sich am *Quadrado*, einem grasbewachsenen Sandplatz (eigentlich kein Quadrat, sondern ein langes Rechteck) mit einer malerischen, weiß gekalkten Kirche am einen Ende. Einen besseren Platz zum Entspannen findet man kaum. Ein Teil des Reizes von Trancoso liegt in seiner Geschichte. In den 1960ern und 1970ern war die kleine Fischerstadt bei Hippies sehr beliebt. Das sprach sich herum, und Trancoso kam in Mode. Reiche Touristen aus São Paulo und schillernde Gestalten aus Rio verbrachten ihre Zeit gemeinsam mit den Einheimischen in ihren Sandalen, Glasperlen und Dreadlocks. Die Milliardäre wurden zu Hippies, und die Hippies wurden reich. Die Gesichter wechselten, die Stimmung nicht.

Der Erfolg hat sich Trancoso angepasst, nicht umgekehrt. Es gibt keine Wolkenkratzerhotels, Einkaufszentren, Wasserparks, Aquarien, oder Spielcasinos, und das wird wohl auch so bleiben. Als außerhalb des Zentrums ein Flughafen gebaut werden sollte, stimmten die Bewohner dagegen. Da Trancoso heute zum Unesco-Welterbe gehört, ist es unwahrscheinlich, dass der Vorschlag noch einmal aufgegriffen wird. Mit seinen malerischen Fischerhütten, dem Dschungel und den idyllischen Stränden hat der Ort seinen ursprünglichen Charme bewahrt – nach wie vor zieht er anspruchsvolle Besucher mit Sinn für die Schönheit des einfachen Lebens an.

Vom Flugzeug aus bieten die Strände einen atemraubenden Anblick: lange Abschnitte mit hellem Sand, eingerahmt von dichtem grünem Dschungel und türkisfarbenem Wasser, das langsam ins dunkle Himmelblau des Atlantiks übergeht. Weit und breit ist kaum ein Gebäude zu sehen. Ich kam nach einer Dreiviertelstunde Fahrt von Seguro an, hoffte auf eine Übernachtung am Strand und war, ehrlich gesagt, ein bisschen enttäuscht, als ich feststellen musste, dass die meisten Unterkünfte am und um den *Quadrado* liegen. Aber man versteht schnell, dass das zur Magie des Ortes beiträgt: Die Strände bleiben sauber und unberührt, weil sich das gesamte soziale Leben auf den *Quadrado* konzentriert.

Versteckt im üppigen Grün des Dschungels, nur einen kurzen Spaziergang vom *Quadrado* entfernt, liegt das Anwesen Etnia Pousada, das mit seinen leuchtenden Farben, dem Ethno-Touch und der entspannten Atmosphäre wie eine Miniaturausgabe von Trancoso wirkt. Die Gäste wohnen in Bungalows, die alle ihren ganz eigenen Charakter haben. Einige sind gelb angestrichen, andere blau oder rot; in ihren Farben spiegelt sich die strahlende, aber verblasste Patina der Fischerhütten. So entsteht eine Stilmischung, die zugleich exotisch und behaglich ist. In der Etnia Pousada fühlt man sich, als wäre man bei einem reichen Onkel mit unfehlbarem Stilgefühl zu Besuch. Die Eigentümer, der Italiener Conrado Tini und sein in Brasilien geborener Landsmann André Zanonato, leiten die Pousada, als wäre sie ihr eigenes Zuhause. Beide haben Erfahrungen in Mode und Design: Tini hat für Jean Paul Gaultier gearbeitet, Zanonato als Keramiktöpfer. Eines Tages wollten beide aus dieser Tretmühle ausbrechen. Sie kauften ein Stück Land und verbrachten zwei Jahre damit, einen tropischen Garten mit Bungalows zu errichten, wo zuvor nur Dschungel war.

Die Gäste treffen sich zum Essen und Schwimmen im zentral gelegenen Pool-Pavillon. Die Anlage verfügt nicht über ein richtiges Restaurant, aber die Betreiber sind stolz auf ihr selbst zubereitetes Frühstück und den Nachmittagstee. Als Gast wird man hier ziemlich verwöhnt. Nach ein paar Tagen in der Etnia Pousada erkannte ich, welch perfekter Ausgangspunkt es für die Schönheiten ist, die Trancoso zu bieten hat. Wenn man möchte, genießt man die Ruhe und Abgeschiedenheit, wenn nicht, gibt es in den nahe gelegenen umgebauten Hütten am *Quadrado* jede Menge Gelegenheit, barfuß zu dinieren und Gesellschaft zu finden. Der Strand ist nicht weit, aber auch nicht so nah – eher einen Zehnminutenspaziergang entfernt. In Trancoso gehen alle zu Fuß zum Strand, und man trifft auf den Pfaden, die durch den Dschungel führen, immer wieder dieselben Leute. Der tägliche Strandausflug wird so zum sozialen Erlebnis, das die freundliche, entspannte Stimmung von Trancoso widerspiegelt und noch verstärkt.

Als ich das erste Mal hier war, ging es mir vermutlich wie den meisten Neulingen in Trancoso. Es gefiel mir, aber ich fühlte mich nicht recht wohl dabei, den ganzen Tag ohne Hemd herumzulaufen. Das entsprach so ganz und gar nicht meiner Kinderstube. Ich erinnerte mich, als meine Schwester als Teenager ihren neuen, tätowierten Freund mit nach Hause gebracht hatte: Er hatte sich nicht die Mühe gemacht, ein Hemd anzuziehen, und mein Vater war so wütend, dass er einen Monat lang schimpfte. Bis meine Schwester es leid war und sagte: «Du bist nur sauer, weil er einen tollen Körper hat und du nicht.» Diese Worte sollte man am Ortseingang von Trancoso auf ein Schild gravieren.

Seien wir ehrlich: Viele Dinge, die wir im Alltag tun, machen keinen Sinn. Schuhe und Hemd auszuziehen ist eine Befreiung, eine seltsame Art von absolutem Luxus – der Schlüssel, um sich in Trancoso wohlzufühlen. Leg dein Hemd ab, und du legst deine Hemmungen ab: Bald tanzt du barfuß auf dem *Quadrado*, nach einem (im wörtlichen Sinne) geistvollen Abendmahl, und demonstrierst, dass Samba wahrlich nicht jedem im Blut liegt. Trancoso ist der Beweis dafür, wie wenig wir wirklich brauchen, um abzuschalten. Wer fände die Idee nicht reizvoll, einige Zeit ohne Hemd und Sorgen am Ursprungsort des brasilianischen Hippie-Chic zu verbringen?

Aus einer großen Anzahl verschiedener schlichter Einzelelemente wie poliertem Beton, Musselin und Farbe wurde in der Etnia Pousada ein unverkennbarer Stil geschaffen. Jeder Gast bewohnt seinen eigenen Bungalow, und jeder dieser Bungalows ist anders gestaltet, aber allen gemeinsam ist der zwanglose elegante Stil.

Die Etnia Pousada liegt mitten im Dschungel, nur ein paar Gehminuten vom Strand entfernt. Sie besteht aus einer Ansammlung kleiner, gemütlicher Bungalows. Der größte, zentral gelegene Bungalow neben dem Pool ist Treffpunkt und Restaurant zugleich. Morgens wird dort das Frühstück serviert, tagsüber ist die Lichtung davor ideal für ein Sonnenbad am Pool. Abends dagegen ist er der beste Ort für einen Aperitif, bevor man zum nahe gelegenen *Quadrado* mit seinen bunten Fischerhütten aufbricht, die heute Restaurants beherbergen.

LUANG PRABANG
LAOS

THE APSARA

Industrielles Erbe und Ethno-Chic
in einem umgebauten Lagerhaus
am Ufer des Mekong

Luang Prabang ist ein seltsamer und wundervoller Ort. Die Coen-Brüder sollten hier unbedingt einmal einen Film drehen. Ohne Zweifel zählt ein Besuch dieser Stadt zu den exzentrischsten Wochenendvergnügen in ganz Asien.

Das Abenteuer beginnt mit einem einstündigen Flug ab Bangkok. Nach der Ankunft am Flughafen Luang Prabang betritt man einen altmodischen, dunklen Empfangsbereich im kommunistischen Stil, mit viel roter Farbe, Uniformen und einer Bürokratie wie zu Kolonialzeiten. Zunächst musst du deinen Pass abgeben, der hinter einer langen, hohen Trennwand verschwindet. Nach einiger Zeit ruft eine Stimme hinter der Scheibe deinen Namen auf. Dann, wie das „eiskalte Händchen" in „Addams Family", reicht dir eine Hand den Pass über die Wand zurück. In meinem Fall in zwei Teilen.

Ich hielt die Visaseiten in einer Hand, die lebenswichtige Datenchipseite in der anderen und geriet in Panik. Ich sollte in den nächsten fünf Wochen noch fünf Länder in Asien besuchen, und jetzt war mein Pass kaputt. «Wer war das?», schrie ich darum wütend. Nicht das Klügste, was man auf einem düsteren Militärflughafen tun kann. Niemand meldete sich (Was hatte ich erwartet?), also nahm ich die Sache selbst in die Hand. Ich packte einen Stuhl, schleppte ihn zu der Trennwand, stieg darauf und fuchtelte mit meinem ramponierten Pass vor den leicht schockierten Beamten auf der anderen Seite herum. Sie waren wenig begeistert vom Anblick eines verrückten Fremden, der sie anschrie, und prompt wurde ich verhaftet.

So landete ich in der Arrestzelle des Flughafens von Luang Prabang, vor mir stand ein Oberst in schmucker Uniform mit reichlich roten Sternen und Goldknöpfen, der mich anbrüllte. Er wirkte wie eine Figur aus „Die Brücke am Kwai" (der Bösewicht, nicht der Held).

«Du böser Mann», bellte er. «Du nicht Respekt Uniform, du nicht Respekt unser Land.» Mit der Uniform lag er richtig.

«Schauen Sie, was Sie mit meinem Pass gemacht haben», protestierte ich empört und wedelte mit den Seiten vor seiner Nase herum. Keine gute Idee – weder das Wedeln noch das Protestieren.

«Oh», sagte er nun ruhiger und begutachtete den Pass, als hätte ich die Kontrollen noch nicht passiert. «Dieser Pass nicht normal. Warum Dokumentseite nicht befestigt? Das nicht legal.» Hoppla – Eigentor! Ich hatte ihm soeben einen perfekten Vorwand geliefert, mich ins Gefängnis zu sperren und dann auszuweisen. Nun war schnelles Besänftigen angesagt. «Es tut mir leid. Ich weiß nicht, was über mich gekommen ist», sagte ich. «Ich war zu lange unterwegs und bin sehr müde. Deshalb sieht mein Pass etwas mitgenommen aus. Das macht nichts – ich hole mir in der Botschaft in Bangkok einen neuen. Hübsche Uniform übrigens.» Der Oberst weidete sich an meinem Kniefall und ließ mich gehen.

Mein Gastgeber Ivan hatte derweil geduldig in der Ankunftshalle gewartet. Ivan Scholte, der seinen Namen Lügen straft – er spricht wie Prinz Charles und ähnelt äußerlich Roger Moore –, war Weinimporteur in Hongkong. Dann warf er alles hin, kaufte sich ein Haus in Luang Prabang mit Blick auf den Mekong und verwandelte es in ein schmuckes Hotel. Ivan meinte, ich hätte Glück gehabt. «Die brauchen keinen großen Grund, um dich einzusperren», sagte er in einem „Ich kenne das alles"-Tonfall. Während wir vom Flughafen wegfuhren und meine glückliche Rettung aus den Fängen des Oberst und der Laotischen Revolutionären Volkspartei besprachen, dämmerte mir langsam, was Ivan an dieser Gegend so reizvoll fand.

Luang Prabang ist ein Juwel – einer der am besten erhaltenen Außenposten des einstigen französischen Indochina. Neben einer bemerkenswerten Zahl wunderschöner Kolonialbauten findet man dort auch 5000 buddhistische Mönche. Es liegt auf einer Halbinsel, die in die Mäander des Mekong hineinragt, und ist umgeben von einer dramatischen Szenerie, von üppigem Dschungel bis zu den grünen Gipfeln der umgebenden Berge. Vor der Revolution lebte dort die Königsfamilie von Laos, aber in den Jahren nach dem Bürgerkrieg geriet die Stadt in Vergessenheit. Diese Phase der Vernachlässigung trug dazu bei, sie zu bewahren. Es gibt viele Orte auf der Erde, wo der Kommunismus in gewisser Weise geholfen hat, die Architektur zu konservieren – sicherlich eher aus Desinteresse als mit Absicht. Luang Prabang ist dafür ein leuchtendes Beispiel.

Das Apsara, Ivans Hotel, war ursprünglich ein Lagerhaus am Ufer des mächtigen Mekong. Es wurde nach den eingemeißelten Tänzerinnen benannt, die die Tempelmauern von Angkor Wat im benachbarten Kambodscha zieren. Der Name passt: Das Hotel bezaubert mit seiner außergewöhnlichen Lage und einer entspannten, sehr asiatischen Atmosphäre. Die Gästezimmer im oberen Stockwerk haben hohe Decken und Balkons mit Blick auf den berühmten Fluss. Die alten Lagerräume unten wurden zu einer stilvollen Bar, einem behaglichen Aufenthaltsbereich und einem gemütlichen Restaurant umgebaut.

Nach dem Einchecken ging ich mit einem anderen Gast, den ich auf dem Flug kennengelernt hatte, auf der Hauptstraße von Luang Prabang Kaffee trinken. Die Straße bot eine Ansammlung von Cafés, Bäckereien und Boutiquen – eine berauschende Mixtur aus französischen und asiatischen Einflüssen. Kein Wunder, dass die Stadt Touristen magisch anzieht. Sie bietet in idyllischer Umgebung Einblicke in die spannende Geschichte der Gegend und ist so überschaubar, dass man sie gut zu Fuß erkunden kann. In einem kleinen Café mit eleganter Veranda und Weidentischen bestellte ich Milchkaffee und Kuchen und fragte meinen neuen Freund nach etwas, das mir bereits auf dem Flug aufgefallen war: Warum flogen so viele schwule Paare von Bangkok hierher? Er lächelte und sagte: «Wegen der Klubs. Es gibt drei schwule Nachtklubs in der Stadt.»

«Ungewöhnlich für so einen kleinen Ort», meinte ich, «wieso gibt es so viele?» «Wegen der Mönche!», war seine Antwort. Das hatte ich nicht erwartet. «Was haben Mönche mit der Zahl der Schwulenklubs in der Stadt zu tun?», fragte ich.

«Wenn sie mit ihren Gebeten und Chorälen und der Meditation fertig sind», erklärte er, «gehen die meisten Mönche zu Bett. Aber

manche schleichen sich nachts in Zivil heimlich aus ihren Klöstern und gehen in den Klubs feiern.»

Offenbar kümmert das niemanden groß, sofern sie rechtzeitig zur Zeremonie in der Morgendämmerung zurück sind. Für einen Mönch mag ein solches Verhalten seltsam wirken, aber der Buddhismus predigt nicht die Moral der westlichen Religionen. Das grundlegende Glaubensdogma ist, dass man tun kann, was man will, solange man nichts und niemandem schadet. Von meinem neuen Freund erfuhr ich auch, dass man sich in Luang Prabang kurz vor der Morgendämmerung am besten auf die Straße begibt, um ein faszinierendes Ritual zu erleben: die tägliche Sammlung von Almosen. Die Mönche ziehen im Gänsemarsch mit ihren Schalen durch die Stadt und sammeln Reis. Jeder erhält nur ein paar Körner von den gläubigen Jüngern, die aus Töpfen Reis an Tausende von Mönchen verteilen. Daher dauert es eine ganze Weile, die Schalen auch nur teilweise zu füllen. Wenn sie voll genug sind, wandern die Mönche zurück in die Klöster, wiederum im Gänsemarsch. So arbeiten sie für ihr karges Mahl, eine Übung in Demut und Gelegenheit für die Gläubigen, sich mildtätig zu zeigen. Ich war am ersten Morgen mit der Kamera dabei und hielt die Parade fest; es war, wie versprochen, ein fesselndes Spektakel. Umso mehr, als ich dabei an die jüngste Enthüllung meines Freundes denken musste. Angestrengt versuchte ich, die Mönche auszumachen, die vielleicht gerade aus den Nachtklubs kamen, aber vergebens. Wer wissen möchte, wie man die Nacht durchfeiert, ohne dass es jemand merkt, sollte also auf alle Fälle einen Mönch in Luang Prabang fragen.

Und mein in zwei Teile zerrissener Pass? An der Rezeption des Apsara gab es ein Mädchen, das bestens mit Tesafilm umgehen konnte. Sie klebte die Datenseite wieder in den Pass, der erstaunlicherweise hielt, bis er vier Jahre später abgelaufen war.

PROVENCE

FRANKREICH

CHÂTEAU DE MASSILLAN

Felder voller Sonnenblumen und Lavendel und eine Burg aus dem 12. Jahrhundert in einer unentdeckten Ecke Frankreichs, die Cézanne und van Gogh unsterblich machten

Das Château de Massillan, umgeben von leuchtenden Feldern gelber Sonnenblumen und Lavendel, ist eine hinreißende Mischung aus historischer Erhabenheit, ländlichem Charme und wunderbarer Abgeschiedenheit.

Es bietet alles, was man sich von Frankreich erhofft: eine Burg aus dem 12. Jahrhundert mit Zinnenmauern und Wachtürmen inmitten der in unzähligen Gemälden und Büchern verewigten Provence. Genau die Art Landschaft, die van Gogh und Cézanne inspiriert haben könnte. Das Innere des Châteaus ist indes auf erfrischend originelle und eklektische Weise zeitgemäß. Man findet hier keine bedruckten Baumwolltücher im Souleiado-Indianer-Stil, Potpourrikörbe und Topfpflanzen in senffarbener Fayencekeramik, wie man das sonst aus der Provence kennt. Stattdessen fügen sich in das moderne Interieur ausgesuchte Antiquitäten, schlichte, mit hellem Leinen gepolsterte Möbel, weiße „Industrial Chic"-Bäder mit chinesischen Bambusleitern als Handtuchhalter und große leere Räume, die bewusst nicht vollgestellt wurden. Hätte Coco Chanel ein Haus in der Provence besessen, könnte es so ausgesehen haben.

Das Château de Massillan hat den Hauch von Ländlichkeit, um die Atmosphäre der Gegend zu vermitteln, und ist dennoch ein großartig moderner Ort zum Ausruhen. Es vereint die berückende natürliche Schönheit der Provence mit einer Raffinesse, die keinen Wert darauf legt, um jeden Preis „authentisch" zu sein. Hier kann man Arbeit hinter sich und die Seele Luft holen lassen.

Hinter all dem steht die in Deutschland geborene und in London lebende Designerin Birgit Israel. Passenderweise erinnert sie ein wenig an Coco Chanel. Sie ist sehr unabhängig, engagiert und stilsicher, liebt Antiquitäten und ist eine begeisterte Flohmarktgängerin. Sie stellt ihre Fundstücke jedoch sehr wählerisch zur Schau, weil sie weiß, dass das effektivste visuelle Mittel der Kontrast ist: Wenn ein spektakulärer antiker Kronleuchter wirklich auffallen soll, hängt man ihn am besten in einen großen leeren Raum. Ihr Stilgefühl beschränkt sich aber nicht nur auf Innenräume. Sie betreibt nebenbei zwei der erfolgreichsten Londoner Läden für Secondhandmode. Ihre Spezialität ist es, Material unterschiedlichster Herkunft meisterhaft zu bearbeiten und zu verbinden – beispielsweise mischt sie Chanel-Originale mit angesagten japanischen Marken. Diese Fähigkeit ist im Château de Massillan deutlich spürbar.

Das Château ist ideal für Reisende, die mit der Provence und ihren Vorzügen vertraut sind – der Schönheit der Natur, der Geschichte und den Freuden des Alltags. In der sengenden sommerlichen Mittagshitze wirkt diese Gegend mit ihren geschäftigen Orten, den Cafés, Restaurants und altrömischen Monumenten, dem stets tiefblauen Himmel, den zerklüfteten Felsgipfeln der Alpilles und dem unablässigen Zirpen der Grillen auf unwiderstehliche Weise exotisch. Zudem liegt das Château de Massillan in einer Ecke der Provence, die noch nicht so überentwickelt ist wie der Luberon: nördlich von Avignon, nahe Orange, dessen römisches Theater und

Stadtgründungsbogen fast unversehrt erhalten sind. Die Gegend um Orange ist besonders ruhig, weil die meisten Liebhaber der Provence von Avignon aus weiter in den Süden fahren. Deshalb muss man keine Touristengruppen mit Kameras auf der Suche nach Peter Mayles Haus oder Alain Ducasses neuestem Restaurant fürchten. Letzteres wäre auch gar nicht nötig, da das Château selbst über ein ausgezeichnetes Restaurant verfügt, dessen saisonale französische Gerichte so frisch und zeitgemäß zusammengestellt sind wie die Einrichtung des Hotels.

Ich kannte Birgit Israels Stil, weil ich ihren Designladen seit vielen Jahren bewundere. Die Chance, ihr Château zu besuchen und zu fotografieren, ergab sich, als ich gerade einen TV-Pilotfilm über HIP-Hotels für den Discovery Channel plante. Wieso also nicht beides verbinden? So kam es, dass eine Firma aus Washington (Discovery) mit einem Londoner Autor (mir) und einem Team und Regisseur aus Australien in Frankreich gemeinsam einen Film produzierte. Die Welt ist tatsächlich ein Dorf.

Wir trafen uns in Île de Ré an der französischen Atlantikküste und fuhren mit zwei Autos in die Provence. Wieso wir uns nicht gleich in der Provence verabredet hatten, habe ich nie herausgefunden. Vielleicht brauchten sie Material von der Fahrt. Davon gab es tatsächlich jede Menge, weil wir uns auf der Suche nach dem Château de Massillan heillos verirrten. Nach einem Tag im Auto kamen wir an. Der Regisseur und der Mitarbeiter von Discovery verkündeten unverzüglich, sie wollten in die Stadt, um sich in dem römischen Theater ein Kostümdrama anzuschauen. Sie fragten, ob ich so etwas normalerweise tun würde. «Eher nicht», sagte ich. Wir gingen trotzdem hin. Es war interessant und stimmungsvoll, aber wir saßen über zwei Stunden auf einem Steinblock. Entweder waren die alten Römer völlig unempfindlich, oder ihre Theaterstücke waren einfach viel kürzer.

Am nächsten Tag wollte ich anfangen, das Château de Massillan zu fotografieren, aber meine Begleiter hatten andere Pläne. Wir würden alle gemeinsam auf das Weingut von Châteauneuf-du-Pape fahren, erklärten sie. «Würden Sie so etwas normalerweise tun?» «Eher nicht!», war meine Antwort. Und los ging's. Mir gefiel die Geschichte hinter dem Namen des Weinguts, der wörtlich übersetzt „neues Schloss des Papstes" heißt. Im 14. Jahrhundert residierten die Päpste in Avignon, und das Weingut liegt direkt bei der Ruine der einstigen Papstburg. Weniger gefiel mir, in einem Keller herumzulaufen und Wein zu probieren, während draußen schönstes Wetter war und wir alles Mögliche hätten erkunden können.

Zu meiner Überraschung kam der Discovery-Pilotfilm gut an. Vielleicht spürten die Leute die Spannung zwischen mir, dem Regisseur und dem Team, vielleicht fanden sie es auch lustig, dass ich dauernd Sachen machen musste, die ich normalerweise nie tun würde. Irgendwann dämmerte mir, dass dieses Szenario eine merkwürdig interessante Atmosphäre schuf, weil man auf Reisen die Dinge am besten in Erinnerung behält, die schiefgehen.

Wie alle französischen Schlösser ist auch das Château de Massillan aufgrund seiner Geschichte, Größe und Lage äußerlich von geradezu spektakulärer Schlichtheit. Obwohl die Inneneinrichtung des Schlosses dagegen hinreißend und ungewöhnlich ist, hält man sich viel im Freien auf, da die Gegend fast das ganze Jahr mit viel Sonnenschein verwöhnt wird.

Von außen antik und klassisch gehalten, innen schlicht und ungewöhnlich gestaltet – diese Kombination verleiht dem Château de Massillan seinen besonderen modernen Reiz. Der unverkennbare Stil der Designerin Birgit Israel hat das historische Gemäuer in eine ideale Umgebung für unseren modernen Lebensstil verwandelt, in der sich jeder wohlfühlen wird.

PORTOFINO
ITALIEN

ALBERGO DA GIOVANNI

*Ein Kloster aus dem 16. Jahrhundert
in einer versteckten Bucht bei Portofino
und eine italienische Mama, deren
Familie hier seit 400 Jahren kocht*

Von all den ehemaligen italienischen Fischerdörfern, die sich mittlerweile in Lieblingsreiseziele der Superreichen mit ihren Superjachten verwandelt haben, ist Portofino mit Sicherheit das spektakulärste. Es liegt genau in einem natürlichen Einschnitt der dicht bewaldeten Klippen, imposante Berge im Hintergrund – eine seltene Verschmelzung von Naturschönheit, raffiniertem Luxus und Geltungssucht: Goldbikinis, Louis-Vuitton-Boutiquen, Cafés, die zweistellige Summen für einen einfachen Kaffee berechnen, gewaltige Luxusboote und legendäre Grandhotels wie das Splendido in einer kleinen, bezaubernden Küstenstadt, die einst Teil des Stadtstaats Genua war. Ein Traum von einem Ort, der leicht zum Albtraum für den Geldbeutel werden kann.

Zum Glück sind wir in Italien, wo man sich immer darauf verlassen kann, von der katholischen Kirche gerettet zu werden. Nur etwa 20 Schiffsminuten entfernt liegt das Kloster San Fruttuoso – und dort ist es wesentlich exotischer und viel preisgünstiger als Portofino. Es ist byzantinischen Ursprungs und war bis um 1500 von Benediktinermönchen bewohnt. Die Gründer fanden seine Lage ideal, um die Reliquien des Märtyrers Fruttuoso vor plündernden Sarazenen zu schützen. Den beeindruckenden Turm an der Seite der Anlage ließ der berühmte Genueser General Andrea Doria, der im Kloster auch bestattet wurde, im Jahr 1562 erbauen.

Das Kloster liegt versteckt in einer Bucht der fast vertikal ins Mittelmeer stürzenden Hänge des südlichen Alpenkamms und ist deshalb vom Wasser aus nicht zu sehen und über Land nicht zu erreichen. Nach San Fruttuoso kommt man nur auf dem Wasserweg. Linienboote von Portofino und Camogli bringen jeden Tag Hunderte Tagesausflügler dorthin zum Schwimmen, Sonnenbaden und Essengehen. Heute steht bei diesem versteckten Juwel die Gastfreundschaft an erster Stelle. Vor Jahrhunderten gründete der Unternehmer Lorenzo Bozzo die erste Trattoria für Pilger, die das Grab von Andrea Doria besuchten. Auch heute noch ist das Restaurant im Besitz derselben Familie. Bozzos Sohn hieß Giovanni; sein Name stand Pate für die Bezeichnung des ganzen Anwesens. Gegen Ende des 16. Jahrhunderts, nach dem Wegzug der letzten Mönche, bekam die Familie Bozzo die Genehmigung, das Kloster in private Gemächer aufzuteilen, und die folgenden vier Jahrhunderte waren ihre Nachkommen die einzigen Bewohner der unzugänglichen Bucht. Bis in die zweite Hälfte des 20. Jahrhunderts lebten sie mehr schlecht als recht vom Meer, erst dann bot der Tourismus eine lukrativere Einnahmequelle.

Auf den ersten Blick scheint es keine Unterkünfte für Besucher zu geben. Wenn die letzte Fähre abgelegt hat, wird San Fruttuoso wieder zum stillen Kloster, die perfekte Umgebung, um die Schönheit der Gegend zu genießen. Wenn man sich die paar verbliebenen Boote wegdenkt, kann man sich gut vorstellen, wie die Benediktinermönche hier einst in herrlicher Abgeschiedenheit lebten. Man fühlt sich an Umberto Ecos „Der Name der Rose" erinnert, und wie das Kloster im Roman birgt auch San Fruttuoso ein Geheimnis: Es gibt eine Möglichkeit, hier zu übernachten, ohne sein Leben Gott zu widmen. Man muss nur die richtige Frau kennen.

Man findet sie fast immer in der Küche des Albergo da Giovanni beim Kochen. Zufällig ist sie auch die Wirtin und eine entfernte Nachfahrin des alten Bozzo. Signora Bozzos Restaurant ist klassisch italienisch: laut und bezaubernd chaotisch. Es war seltsam, mitten in all dem Geschrei, Geplapper und Gesang nach meiner Reservierung zu fragen, während sie in einem riesigen Topf rührte und sich mit der Schürze die Stirn abwischte. Aber sie wusste genau Bescheid. Neben ihren Töpfen und Pfannen war ein Steckbrett mit Schlüsseln. Sie warf mir einen Bund zu und winkte jemanden herbei, der mir mein Zimmer zeigen sollte. Zwölf davon hat Signora Bozzo zu vermieten. Sie sind nicht luxuriös, aber es gibt Dusche und Bidet (die Toilette ist seltsamerweise am Ende des Flurs) und eine Aussicht, mit der selbst die teuersten Hotels in Portofino kaum mithalten können.

Die Zimmer gehören nicht zum Kloster, sind also auch keine ehemaligen Mönchszellen, aber als Suiten kann man sie auch nicht bezeichnen. Sie bieten kaum mehr als etwas Privatsphäre an einem magischen Ort, wo man das Kloster, die türkisfarbene Bucht, den Wachturm und den Kiesstrand vom frühen Abend bis zum frühen Morgen ganz für sich hat. Die Zimmer sind einfach, aber nicht klein, und so exzentrisch eingerichtet, dass eine Avantgarde-Modemarke ihren nächsten Katalog dort fotografieren könnte. In meinem gab es zwei unterschiedliche Blumentapeten an drei Wänden, eine Ziegeltapete an der vierten, allesamt in bizarrem Kontrast zu den Blümchen und geometrischen Mustern der Vorhänge und Gardinen. Die Fenster meines Zimmers boten eine Aussicht auf die kleine türkisfarbene Bucht. Mein Blick fiel auf ein kleines Ruderboot mit handgemalter Aufschrift: „Zu vermieten, auch für private Exkursionen". Ich musste lächeln. Wer würde hier, im italienischen Dorado der Megajachten, ein altes hölzernes Ruderboot mieten? Am nächsten Tag wusste ich die Antwort: ich! Die letzte Fähre hatte ich verpasst, und so gerne ich noch eine Nacht geblieben wäre, ich musste zurück nach Portofino und dann weiterreisen. Da es keinen Straßenzugang nach San Fruttuoso gibt – lediglich ein schmaler Wanderweg führt dorthin –, saß ich fest. Nach Portofino zurückbringen konnten mich nur das Ruderboot und sein Kapitän.

Es war eine ziemlich bizarre Überfahrt. Irgendwo auf dem Mittelmeer musste es einen Sturm gegeben haben. Das Meer war nicht mehr sanft und ruhig wie am Tag meiner Ankunft, sondern warf hohe Wellen an den Kiesstrand von San Fruttuoso. Ich traf den Kapitän meines Ruderboots (es fällt mir schwer, nicht laut loszulachen) am Kai. Ich erklärte ihm, ich müsse nach Portofino; er nickte, blinzelte schalkhaft und machte eine einladende Handbewegung, als wollte er sagen: «Fahren wir ... wenn du Mumm hast!» Der schnellste Weg führte nah an der felsigen Küste entlang. Der Kapitän und ich hatten jedoch sehr unterschiedliche Vorstellungen von „nah". Die blanken Felswände, die diesen Teil der italienischen Küste

Beinahe unsichtbar in einer Bucht verborgen: Das stille, abgeschiedene ehemalige Franziskanerkloster San Fruttuoso ist eine echte Überraschung, wenn man bedenkt, wie nahe es bei der mondänen Touristenhochburg Portofino liegt. Die Tatsache, dass es nach wie vor fast nur per Boot zu erreichen ist und man dort sogar übernachten kann (was so gut wie keiner weiß), macht einen Besuch dort zu etwas ganz Besonderem.

bestimmen, sind atemraubend schön; das heißt aber nicht, dass ich sie aus nächster Nähe sehen wollte. Immer wieder verschwand unser kleines Boot zwischen den Wellen, dann packte es die nächste Riesenwoge und warf es gegen die aufragenden Wände aus funkelndem Gestein. Ich machte mich auf den Aufprall gefasst, erwartete, dass unser kleiner Nachen an den gewaltigen Felswänden in tausend Splitter zerschmettern würde, aber jedes Mal prallte die Welle von den Steinwänden zurück, griff sich im letzten Moment das Boot und trieb es wieder hinaus. Dem Kapitän schien das großen Spaß zu machen. Er grinste und jauchzte jedes Mal, wenn wir um ein Haar an die Felsen krachten. Ich schätze, er erlebte das nicht zum ersten Mal. Oder er war komplett verrückt. Ich wiederum dachte nur an die kurze Zeit, die meine Kamera noch zu leben hatte, und die quälende Frage, wie ich es geschafft hatte, im supermondänen Portofino in eine italienische Version von „Moby Dick“ zu geraten.

Schließlich landeten wir in Portofino, und ich versichere Ihnen, ich habe mich noch nie so sehr darauf gefreut, in einem viel zu teuren Café abgezockt zu werden.

SIWA
ÄGYPTEN

SHALI LODGE

Tempel, Orakel und Legenden in einer uralten Dattelpalmenoase mitten in der Sahara

Die Shali Lodge ist ländlich, ursprünglich, sehr authentisch – und preisgünstig. Das kleine versteckte Juwel glänzt mit einer unwiderstehlichen Kombination aus ungewöhnlichen Strukturen, Farben und erdigem Charme. Es liegt in einer kleinen Stadt mitten im Herzen der Sahara, die bereits 2000 Jahre vor Christi Geburt mystischen Status genoss. Wer das antike Ägypten erleben möchte, ohne die üblichen Horden von Touristen in Sandalen, für den ist die Shali Lodge in Siwa genau das Richtige.

Siwa ist ein mystischer Ort. Kaum jemand hat je davon gehört, noch weniger Leute waren dort, aber die kleine Oase, versteckt in einem unendlichen Sandmeer mitten in der Sahara, war schon vor Christi Geburt berühmt. An dieser Stelle beschloss Pharao Ahmose II. (570–526 v. Chr.), den Tempel des Orakels von Amun zu erbauen. Hierher kam 200 Jahre später Alexander der Große – er soll einem Vogelschwarm durch die Wüste gefolgt sein –, um dasselbe Orakel zu befragen: ob er tatsächlich zur Hälfte Mensch, zur Hälfte Gott sei. Er erhielt die gewünschte Antwort (ja, er sei ein halber Gott) und zog los, die halbe Welt zu erobern.

Siwa ist ein Hort für Legenden, aber auch seit fast 3000 v. Chr. berühmt für seine Datteln. Mehr als eine Million Dattelpalmen säumen die kleine Stadt an den Ufern eines gewaltigen Sees. Es klingt unwahrscheinlich: ein riesiges Gewässer mitten in einer scheinbar endlosen Sandfläche. Aber es ist keine Fata Morgana, sondern eine außergewöhnliche Laune der Natur. Siwa liegt auf einem riesigen unterirdischen Stausee. Das Wasser, das langsam an die Oberfläche sickert und den See bildet, tränkt die Palmen und Olivenbäume, für die Siwa seit Urzeiten berühmt ist.

Es ist einer der entlegensten und exotischsten Orte der Welt. Von Kairo nach Siwa fährt man 14 Stunden, erst nordwärts nach Alexandria, dann westwärts am Mittelmeer entlang bis nahe an die libysche Grenze. Dann wendet man sich nach Süden und fährt noch mal vier Stunden durch die größte Sandmasse auf Erden. Wer die Anfangsszenen von „Der englische Patient" kennt, hat eine ungefähre Vorstellung. Ich reiste mit einem französischen TV-Team, und, zugegeben, wir haben geschummelt: Wir nahmen ein Flugzeug. Eine Beechcraft King Air, eine Propellermaschine – nicht allzu groß, aber zuverlässig. Wir flogen von Kairo aus westwärts, und Minuten später waren wir über einem endlosen Haufen Sand. Der Anblick wirkte glutheiß und gnadenlos, aber im Flieger klapperten wir mit den Zähnen. Die Kabine war nicht beheizt, und so fiel die Temperatur sehr schnell unter null Grad. Wir (das französische Team und ich) waren für Saharaverhältnisse gekleidet: Shorts, T-Shirts und Sandalen – niemand hatte einen Pulli, Schal oder eine Jacke dabei. Es hätte uns auffallen müssen, dass die Piloten dick gefütterte, „Top-Gun"-mäßige Jacken trugen. Der Flug dauerte nicht ganz eine Stunde; es waren die kältesten 45 Minuten meines Lebens. Wenn man so richtig friert, ist der Drang, auf die Toilette zu müssen, das Schlimmste. Es gab jedoch keine sanitären Einrichtungen; die einzige verbleibende Nische war voll mit unserem Gepäck (Filmteams haben immer Unmengen an Material dabei). Als wir schließlich auf einem Militärflugplatz bei Siwa landeten, dauerte es eine Weile, bis ich meine Zehen wieder spürte. Für die Leute, die uns am Flugzeug empfingen, boten wir sicher einen merkwürdigen Anblick, als wir dort mit gequälten Gesichtern über den Asphalt humpelten.

Von da an glaubten die französischen Fernsehleute, sie seien verflucht. Je mehr geheime Grabstätten wir besuchten, je mehr mystische alte Tempel wir filmten und fotografierten, desto mehr Angst bekamen sie – offenbar verärgerten wir die Geister. Am zweiten Abend beschlossen sie, gemeinsam in einem Zimmer zu schlafen, weil sie denselben lebhaften Albtraum gehabt hatten, in dem sie von einer Kreatur angegriffen wurden, halb Mensch, halb Widder (laut Herodot die Erscheinungsform von Amun). Der Produzent, ein altgedienter Journalist, der oft aus Kriegsgebieten berichtet hatte, litt besonders unter dem Spuk. Ich dagegen schlief sehr gut.

Hier, in diesem unberührten Außenposten in der Wüste, schuf Dr. Mounir Neamatalla, Vorsitzender der Organisation Environmental Quality International (EQI), ein Refugium und ein leuchtendes Beispiel für geringstmögliche Umweltbeeinträchtigung und ökologische Nachhaltigkeit. Sein Projekt, Adrère Amellal, ist inzwischen fast so legendär wie der Ort selbst. Die gesamte Anlage am Seeufer ist aus Lehm und Salz erbaut. Den Lehm presste man zu Bausteinen; aus dem Salz, seit Jahrtausenden in der Saharasonne gebacken, schnitt man große Platten, die für Böden und in einigen Fällen sogar für opake Fenster verwendet wurden. In Adrère Amellal gibt es weder Telekommunikation noch Elektrizität; nachts werden alle Räume und öffentlichen Plätze von Bienenwachskerzen erleuchtet. Das Essen liefert der Küchengarten, ganz dem ökologischen Ansatz der Anlage gemäß. Das mag sich primitiv anhören, aber tatsächlich ist es gerade der Verzicht auf modernen Luxus und die abgespeckte Schlichtheit, die diesen Ort so besonders, so spannend machen.

Billig ist die Sache jedoch nicht. Wie die meisten einmaligen Schöpfungen hat Adrère Amellal seinen Preis, der zweifellos angemessen, aber nicht für jeden Geldbeutel erschwinglich ist. Aber der hartnäckige Dr. Neamatalla hat auch daran gedacht. Um seine Vision einer ökologischen, nachhaltigen Zukunft mit so vielen Menschen wie möglich zu teilen, hat er am anderen Ende der Stadt eine kleinere, günstigere Version im gleichen Stil erbauen lassen; sie heißt Shali Lodge. Der große Unterschied zwischen den beiden ist die Lage: Adrère Amellal liegt unter einer hellen Klippe ganz am Ende des Sees, die Shali Lodge in der Stadt. Auf den Seeblick muss man verzichten, nicht aber auf den Charme der faszinierenden Ortschaft. Ästhetisch blieb Neamatalla seiner Formel treu: Die Lodge besteht aus Lehmziegelwänden und Böden aus Salz oder Stein. Sogar das Mobiliar wird ausschließlich aus Palmwedeln hergestellt, die die vielen Dattelpalmen von selbst abwerfen – eine fast unerschöpfliche Materialquelle.

Shali ist ein schöner, inspirierender Ort, aber die Hauptattraktion ist die Oase Siwa selbst: eine Welt vergessener Grabstätten und verwaister Tempel in einer Stadt, die keine Bank hatte, bis Dr. Neamatalla eine gründete, und wo es immer noch mehr Esel als Autos gibt. Die Umgebung ist abenteuerträchtig. Ein Muss ist ein Saharaausflug mit Vierradantrieb, durch eine Landschaft unendlicher monumentaler Sanddünen. Es ist wie eine Achterbahnfahrt mit ein paar denkwürdigen Extras – etwa unerwarteten Stopps zum Schwimmen in Kaltwasserseen inmitten all der Hitze und all dem Sand (was schon

den britischen Truppen im Zweiten Weltkrieg gefiel, die ihren Kampf unterbrachen und die Lokalbevölkerung entsetzten, indem sie hier nackt badeten). Am faszinierendsten aber ist die Stille. Wir sind so an Lärm gewöhnt, dass wir vergessen haben, wie beeindruckend (und beängstigend) absolute Ruhe sein kann (fragen Sie nur einmal das französische Filmteam). Es ist wie totale Dunkelheit. Beides kann man in Siwa erleben.

Mein Siwa-Abenteuer liegt viele Jahre zurück, aber immer wenn ich in Paris ein Lebensmittelgeschäft betrete, das ein Nordafrikaner betreibt, hält er inne und sagt: «*Ahhh! C'est vous, le mec de Siwa.*» («Sie sind es, der Typ aus Siwa.»). Vielleicht hatte die Filmcrew doch Recht – es sind seltsame Mächte am Werk. Oder es liegt einfach an den Wiederholungen im französischen Fernsehen.

CAP FERRET
FRANKREICH
LA MAISON DU BASSIN

*Rustikaler Charme, Austernbänke,
wunderbares Essen und gewaltige Sand-
dünen in einer kaum bekannten Ecke
an der französischen Südwestküste*

Wie die nahe gelegene Île-de-Ré ist Cap Ferret ein Geheimnis, das die schlauen Pariser gerne für sich behalten. Jeder denkt, er habe schon einmal davon gehört, weil der Name so ähnlich klingt wie Cap Ferrat (wie in St.-Jean-Cap-Ferrat). Beide Orte haben jedoch nichts miteinander zu tun.

Cap Ferrat liegt an der französischen Riviera. Es ist außerdem furchtbar teuer, nahe bei Monte Carlo (was, wie die meisten Pariser wissen, nichts Gutes verheißen kann) und hat mehr russische (allerdings sehr wohlhabende russische) als französische Einwohner. Cap Ferret hingegen liegt an der Südwestküste Frankreichs, am Bassin d'Arcachon. Es ist wild und unberührt, und die Sanddünen der Gegend zählen zu den höchsten in Europa. Die Bevölkerung besteht zu fast 100 Prozent aus Franzosen. Die schlichte Eleganz von Cap Ferret zieht nicht die Reichen mit ihren Jachten an, sondern Leute, die in kleinen Booten segeln, in rustikalen Holzhäusern wohnen, spektakuläre Strände genießen und Austern essen wollen.

Ich war das erste Mal mit einem französischen TV-Star in Cap Ferret: Cendrine Dominguez, eine Art jüngere gallische Ausgabe von Martha Stewart. Wir arbeiteten an einem Prachtband über Häuser in verschiedenen Regionen des Landes. Ein Kapitel befasste sich mit den traditionellen Behausungen von Cap Ferret: den hölzernen Strandhütten, die so eigentümlich und typisch sind wie die Schindelhäuser von Cape Cod. Die bezaubernd rustikale Architektur geht auf die Pfahlbauten aus Holz in den Flutbecken der Gegend zurück, die zur Zeit Napoleons errichtet wurden, um die Austernbänke gegen Diebe zu sichern. Diese verwitterten *cabanes de gardian* lieferten das Vorbild für die Holzferienhäuser, die heute bei Parisern so gefragt sind. Sie haben meist zwei Stockwerke, eine Veranda rund um das Erdgeschoss, sind offen gestaltet und daher fast so geräumig wie Lofts.

Obwohl ich im April dort war, war es bereits sonnig und warm. Cap Ferret liegt geografisch ungefähr auf gleicher Höhe wie die baskische Küste Spaniens, daher beginnt der Sommer früher als in nördlicheren Küstenregionen wie der Normandie und der Bretagne. Als wir ankamen, machten sich schon die Ersten auf den Weg zum Strand. Außerdem war Austernsaison, und so konnten wir die ursprüngliche kulinarische Kultur von Cap Ferret erleben. Der Eigentümer des Hauses, das wir fotografierten, lud Cendrine und mich zu einem ortstypischen Mittagessen ein. Der Tisch stand unter freiem Himmel, gedeckt mit schlichtem Leinen und ein paar Flaschen Weißwein. Die Austern wurden auf einer riesigen runden Platte serviert, groß wie ein kleiner Tisch. Es gab Körbe mit Baguettes, frischen grünen Salat mit Tomaten und Olivenöl, ein großes Stück Butter und Zitronen. Sonst nichts. An diesem Tag aß ich mehr Austern als sonst in einem Jahr. Das war wirklich erstaunlich; normalerweise genügen mir sechs Austern als Vorspeise, aber hier sind Austern die Vorspeise und das Hauptgericht.

Die Entdeckung von La Maison du Bassin verdanke ich Cendrine, dem einstigen Star der äußerst merkwürdigen Gameshow

„Fort Boyard" (die in einem ehemaligen Seegefängnis auf einer Felsinsel im Atlantik gedreht wurde) und dann Moderatorin der erfolgreichen Raumgestaltungssendung „La Maison de Cendrine". Ich brauchte eine Unterkunft für die Zeit der Dreharbeiten, und die Maison war genau das Richtige. Mit lediglich sieben Gästezimmern ist dieses verborgene Juwel ein Geheimnis in einem Geheimnis: ein Ort, den man für sich behält, versteckt an einem Platz, den man für sich behält. Aus gutem Grund. Es ist nicht nur auf einfache Weise entwaffnend schön, sondern zufällig auch eines der besten Esslokale in ganz Cap Ferret. Die Meeresfrüchte sind unglaublich, und die Desserts können mit den besten Patisserien von Paris mithalten. Zudem liegt es fast am Strand und bietet neben dem Meerblick ein Panorama der Austernbänke und der bezaubernden hölzernen *cabanes de gardian*.

Aufgrund seiner Beliebtheit als Speiselokal vergessen selbst Kenner der Maison du Bassin bisweilen, dass es ein Hotel ist. Für Fernreisende hat es den Vorzug, dass viele Pariser, die nach Cap Ferret kommen, eigene Häuser besitzen und das Hotel deshalb nicht so ausgebucht ist, wie man annehmen könnte. Stilistisch verbindet es den rustikalen Reiz eines Strandhotels mit dem weichen, femininen Charme typisch französischer, lässig-eleganter Inneneinrichtung. Es ist gemütlich, aber nicht kitschig eingerichtet, bombardiert einen nicht mit Kissen und Potpourris, und es bewahrt mit viel poliertem dunklem Holz an den Wänden seine maritime Würde.

Aber das Beste an diesem Haus ist, dass es so französisch ist, wie man es sich nur vorstellen kann. Es wäre der ideale Schauplatz für eine französische Komödie. Die Darsteller, eine anscheinend perfekte Familie – ein konservativer, sich aufopfernder Ehemann, eine moralische Säule der Gesellschaft, seine tadellos frisierte Frau, die eine wundervolle Mutter ist und die vorzüglichsten Cordons bleus zubereitet, und ihre bestens erzogenen Kinder, in Bonpoint gekleidet (einer sündhaft teuren, auf Kinder spezialisierten Pariser Marke von Kaschmir-Kleidung) – fahren jedes Jahr in den Ferien hin. Im Lauf des Sommers kommt dann die Wahrheit ans Licht, gnadenlos und teuflisch: Der Mann hat eine Affäre mit dem Kindermädchen, die Kinder kiffen am Strand, die Frau nimmt „Nachhilfestunden" beim Tennislehrer und dem Freund ihrer Tochter, und so weiter.

Ach ja, die Franzosen: Hinter der scheinbar unkomplizierten, schlichten Lebensfreude lauern die raffiniertesten Intrigen. Dafür liebt man dieses Land. Oder dachten Sie wirklich, das liegt nur am Wetter und am Essen?

Natürliche Schönheit, ein klarer, unverstellter Stil, fabelhaftes Essen – das ist die heilige Dreifaltigkeit französischer Gastlichkeit. Darüber hinaus ist dieses bemerkenswerte Refugium preislich durchaus erschwinglich und unter Touristen kaum bekannt; verständlich, dass die Franzosen sich so sehr bemühen, das Geheimnis Cap Ferret zu bewahren und zu hüten wie einen Schatz.

KO SAMUI
THAILAND

MUANG KULAYPAN

Japanische Betten, Thaitänze und furchtlose Modernität am Strand von Ko Samui

Als unentdeckt kann man Ko Samui schwerlich bezeichnen. Man muss nur die Hauptstraße von Chaweng mit ihrem beeindruckenden Aufgebot an Freiluftrestaurants entlanggehen, um festzustellen, dass sich diese Insel hemmungslos dem Tourismus verschrieben hat. Neben der scheinbar grenzenlosen kulinarischen Auswahl findet man auch zahlreiche Ableger großer Hotelketten. Alles ist attraktiv gestaltet und bietet jede Menge Luxus, aber mit Thailand hat das nicht viel zu tun.

Muang Kulaypan ist anders. Das liegt nicht nur an den ausgefallenen Details, den japanischen Schlafzimmern mit Holzboden und Hochbett, den in dunklen Farben gestalteten Badezimmern mit Waschbecken in dicken Baumstämmen, dem schwarzen Swimmingpool und den minimalistisch weißen Strandlounges. Muang Kulaypan hat etwas natürlich Außergewöhnliches, das über das Design hinausreicht. Sein Stil ist zweifellos modern, aber seine unkonventionelle Seele hinterlässt einen noch tieferen Eindruck. Das Restaurant etwa besteht aus einer Reihe strohgedeckter Pagoden im Baustil der Ureinwohner und befindet sich auf dem an den Strand angrenzenden Rasen. Im Schneidersitz genießt man auf Ikat-Kissen authentische einheimische Speisen und verfolgt ausgefeilte, kunstvolle Darbietungen traditioneller Thaitänze.

Hier geht es nicht darum, nur etwas Ungewöhnliches zu bieten, sondern etwas von echter kultureller Bedeutung. Das Hotel bewahrt die thailändischen Traditionen sowohl in seinem Erscheinungsbild als auch mit seinem Engagement für den Tanz, eine der ältesten Kunstformen des Landes. Dank einer auf dem eigenen Gelände gegründeten, hoch angesehenen Schule für traditionelle Tänze bietet Muang Kulaypan dem Besucher einen Einblick in die authentische Kultur Thailands auf höchstem Niveau, und nicht etwa eine Disneyversion des alten Siam. Hier werden Sonne, Meer und Sand mit Kultur in Einklang gebracht. Als Gast in Muang Kulaypan verbringt man jede Menge Zeit in der Sonne, aber das Hotel lässt einem buchstäblich keine andere Wahl, als sich auf die örtlichen Traditionen einzulassen.

Selbst der Hotelname unterstreicht diese Einstellung: Da der Thaitanz in Muang Kulaypan im Mittelpunkt steht, hat auch er mit traditionellen Tänzen zu tun. Muang Kulaypan war eine antike Stadt auf Java. Dort lebte ein Prinz namens Inao (Panji Inu Kertapati), der als tapferer Krieger und großer Liebhaber galt. Die Geschichte seiner Romanze mit der schönen Prinzessin Budsaba wurde von Java nach Thailand überliefert und inspirierte einen Tanz, der sich am thailändischen Königshof großer Beliebtheit erfreute.

Kulturelles Engagement, Interesse für Geschichte und Tradition, unkonventionelles Gespür für Kunst und Design: Solche Ansprüche verbindet man für gewöhnlich nicht mit einem Strandhotel, aber es erscheint nachvollziehbar, wenn man bedenkt, dass der Betreiber und der Designer thailändische Absolventen der École Nationale Supérieure des Beaux-Arts in Paris sind. Dieser Schule sind Aufrichtigkeit, Authentizität und Dauerhaftigkeit ebenso wichtig wie

Kreativität. Das Ergebnis dieses Ansatzes kann man in Muang Kulaypan bewundern. In gewisser Weise ist das Hotel selbst ein Kunstwerk. Man nimmt teil an seinen Veränderungen und Entwicklungen, das unterscheidet es auf wohltuende Art und Weise von anderen Hotels, die hart daran arbeiten, ihren Gästen Veränderungen und Risiken, wo immer möglich, zu ersparen.

Als ich dort war, hatte die Hotelgemeinschaft gerade Zuwachs durch einen Babyelefanten namens Dunah bekommen. Er tollte ausgelassen neben dem schwarzen Swimmingpool im Gras herum, spielte mit den Hotelgästen am Strand, und wenn es Zeit für sein tägliches Bad im Meer war, kamen alle Gäste, um dem rundlichen kleinen Burschen dabei zuzusehen. Kaum zu glauben, dass er ein Jahr zuvor ausgehungert, verängstigt und misshandelt auf den Straßen von Bangkok herumgelaufen war. Als ich das nächste Mal kam, war er weg. Er war groß geworden und lebte jetzt mit anderen ausgewachsenen Elefanten zusammen. Es freute mich, dass das Hotel keinen neuen Babyelefanten holte. Das hätte die Erinnerung an Dunah entwertet und die kulturelle Integrität, für die er stand, beschädigt. Er war dort gewesen, weil er Hilfe brauchte – nicht um die Gäste zu unterhalten. Dass er das tat, war eine erfreuliche, aber vergängliche Zugabe.

Muang Kulaypan ist eine Oase der Authentizität und kulturellen Unversehrtheit auf einer Insel, die ihre natürliche Schönheit bisweilen etwas zu selbstverständlich hinnimmt. Klar, das türkisfarbene Wasser und die weißen Strände sind umwerfend, aber es gibt so viel mehr zu entdecken. Man braucht dazu lediglich ein Boot. Etwa eine Stunde südlich von Ko Samui lockt eine praktisch unbewohnte Inselgruppe mit Abenteuern in Hülle und Fülle. Blanke Klippen säumen tiefe Lagunen; man kann direkt vom Boot aus auf die zerklüfteten Kanten vertikaler Felswände klettern und sie erklimmen. Wer abrutscht, fällt einfach ins erfrischende, klare, türkisfarbene Wasser der Lagune.

Für Tauch- und Schnorchelfans hält die Gegend zauberhafte Ecken bereit. Besonders begeisterte mich eine winzige, abgelegene Insel (so winzig und abgelegen, dass ich ihren Namen nie erfuhr), umgeben von Sandbänken, zu denen man nur unter Wasser gelangt. Auf der Insel gibt es einen kleinen antiken Tempel, der von einem Rudel Hunde bewacht wird. Der Lärm, den sie veranstalten, wenn man sich anzuschleichen versucht (was sinnlos ist, weil unauffälliges Schnorcheln nicht geht), ist furchterregend. Sobald man ans Ufer gelangt und aufsteht, rennen sie alle auf einen los, mit wildem Gebell und gefletschten Zähnen, dass man am liebsten gleich wieder ins Wasser fliehen möchte. Wenn sie näher kommen, zeigt sich jedoch, dass sie sich nur nach Aufmerksamkeit sehnen. Schnorchler bedeuten für sie einfach Spaß ... und Fütterungszeit. Dass sie fähig sind, einen Schnorchler vom anderen zu unterscheiden, wäre zu viel verlangt.

Die Wahrheit ist: Alles, was Thailand so besonders macht, ist auf und um Ko Samui zu finden. Und Muang Kulaypan ist ein guter Anfang, um sich auf Entdeckungstour zu begeben.

Ko Samui, auch „das Maui von Thailand" genannt, ist weit weniger touristisch als Phuket, bietet aber zugleich alle seine Vorzüge: türkisfarbenes Wasser, weiße Sandstrände, viel Sonne. Wer nicht nur spektakuläre Strände, sondern auch Kultur und Originalität sucht, für den ist das moderne, außergewöhnliche Muang Kulaypan eine wahre Fundgrube – erfrischend anders, zugleich aber so ursprünglich thailändisch wie kein anderes Resort der Insel.

Muang Kulaypan bietet Thaikultur vom Feinsten. So werden etwa im Restaurant traditionelle thailändische Speisen serviert. Die Gäste sitzen in erhöhten, strohgedeckten Pavillons mit Blick auf ein Freilufttheater. Nacht für Nacht führen die Absolventen der renommierten Schule auf dem Gelände des Hotels dort traditionelle Thaitänze auf.

LUANG PRABANG
LAOS

SATRI HOUSE

*Romantisches Ambiente und
französischer Kolonialstil in der
am besten erhaltenen alten
Stadt Südostasiens*

Verborgen im Dschungel am Ufer des mächtigen Mekong liegt ein kleiner Ort, in dem Hunderte buddhistische Mönche inmitten der gut erhaltenen historischen Überreste des französischen Indochina leben. Das Satri House gewährt in diesem fast vergessenen Winkel Südostasiens seinen Besuchern Einblick in den exotischen Glanz des kolonialen Lebensstils.

Erinnern Sie sich an Ivan, den Besitzer des Apsara in Luang Prabang (Seite 20)? Seine Freundin Lamphoune Voravongsa hat ebenfalls ein Hotel in dieser herrlichen Stadt, die zum Unesco-Weltkulturerbe zählt.

Das Apsara ist ein umgebautes Lagerhaus am Mekongufer, Lamphounes Satri House hingegen eine intakte französische Kolonialvilla am Stadtrand, dekorativer und kultivierter als Ivans Haus und auf andere Weise vollkommen authentisch. Man kann dort nachempfinden, wie die französischen Kolonisten lebten, als das buddhistische Binnenland für kurze Zeit Teil von Indochina war. Es ist ein eleganter, abgeschiedener Ort, umgeben von üppigen Gärten, während die Stadt nur ein paar Gehminuten entfernt ist.

Mit seinen terrakottagefliesten Böden, den Fensterläden und den neoklassizistischen Verzierungen wirkt das Gebäude wie ein Drehort des Films „Indochine". Die Gästezimmer sind geräumig, sie haben hohe Decken, polierte Dielenböden, Himmelbetten und Veranden oder Balkons mit Blick auf das satte Grün des umgebenden Dschungels. Es ist das ideale Hotel für einen langen Aufenthalt: weiträumig und luxuriös, mit prächtigem Swimmingpool und privatem Garten.

Satri heißt „Haus der Frauen", ein treffender Name, nicht nur weil es von einer Frau betrieben wird, was in Laos immer noch ungewöhnlich ist, sondern auch weil die Inneneinrichtung unverwechselbar weiblich wirkt. Von den dekorativen Textilien (laotische Rohseide und Leinen) bis hin zu den chinesischen, vietnamesischen und thailändischen Antiquitäten strahlt es eine Sinnlichkeit aus, die die Hand einer Frau verrät. Angesichts des leichten, ungezwungenen Kolonialstils des Hauses überraschte es mich nicht, dass Lamphoune in Frankreich ausgebildet wurde und in Paris lebte, ehe sie nach Laos zurückkehrte. Sie hatte nie daran gedacht, Hotelière zu werden, aber als sie von einem Kunden (sie arbeitete damals im Schmuck- und Textilgeschäft) ins Satri House zum Abendessen eingeladen wurde und hörte, dass es zu verkaufen sei, konnte sie nicht widerstehen.

Von Ivan lernte ich viel über die Mönche von Luang Prabang; Lamphoune wiederum zeigte mir neue und urtümlich typische Seiten dieses faszinierenden Ortes. Am Tag, nachdem ich die Mönche beim Almosensammeln gesehen hatte, gingen wir drei (Ivan, Lamphoune und ich) in einem Lokal essen, das wie eine Hühnerfarm aussah. Eine sehr rustikale Hühnerfarm. Gockel und Hühner liefen lärmend herum, manchmal vom Personal gejagt, während wir im Schatten einer kleinen, strohgedeckten Veranda ein hervorragendes Hühnchengericht verzehrten. Ich sagte Ivan und Lamphoune, wie sehr ich solche Orte mochte – die nicht nur überraschend, ungewöhnlich und authentisch sind, sondern auch dazu einladen, etwas ganz Neues zu versuchen.

Lamphoune sagte, wenn ich wirklich etwas Neues und Authentisches ausprobieren wolle, müsse ich mit ihnen in einem laotischen Nachtklub tanzen gehen. Ich erinnerte mich an die Erzählungen von den Mönchen, und mich packte die Neugier. Also verabredeten wir uns für den Abend. Ivan holte uns mit dem Auto ab, und wir fuhren die dschungelgesäumten Straßen der Stadt entlang zu einem Gebäude, das überhaupt nicht zu Luang Prabang passte, schon gar nicht zu seinem Nachtleben. Der gewaltige Betonklotz mit riesigem Parkplatz sah aus wie eine Bingohalle in New Jersey. Die Musik war sehr laut, und Hunderte Menschen tummelten sich im immer noch original kommunistisch gestalteten Inneren des, wie ich erfuhr, ursprünglich als Wohnheim für Jungpioniere erbauten Hauses. Die Einrichtung bestand aus wenig mehr als ein paar Stühlen und runden Tischen, die mit Tischdecken und Stickdeckchen geschmückt waren, auf die offenbar alle kommunistischen Regimes stehen. Die Tische waren mit militärischer Präzision um eine gewaltig große Tanzfläche angeordnet. Nicht gerade schön, aber die Atmosphäre war toll, wie in dem Film „Footloose".

Eine Menge Leute standen wartend um die Tanzfläche herum, die fast leer war, aber nicht lange. Als die Band loslegte, mit einem echt asiatischen Discosound – schwerer, durchgehender Bassbeat und eine laotische Lady, die Bettgeflüster ins Mikro hauchte –, eilten alle auf die Tanzfläche, auch Lamphoune. Innerhalb von Sekunden ordneten sie sich in akkuraten Reihen und starteten wie auf Kommando einen Line Dance. Es war ein kulturelles Phänomen, das ich um nichts auf der Welt verpasst haben wollte. Der Hüftschwung des hawaiianischen Hula, kombiniert mit den vogelähnlichen Kopfbewegungen und eleganten Gesten des traditionellen Thaitanzes und dem rhythmischen Stampfen, den Sprüngen und Kicks der nordamerikanischen Country-&-Western-Tänze, so in etwa muss man sich den laotischen Line Dance vorstellen. Ich hätte die ganze Nacht zuschauen können, aber Lamphoune hatte eine bessere Idee. Nach ein paar Solorunden zog sie Ivan und mich aufs Parkett. Ivan hatte das schon einmal probiert, aber ich sah beim Tanzen wohl eher aus wie Mr. Bean. Obwohl meine Tanzbewegungen nicht gerade flüssig waren, mochte ich die Musik, die Atmosphäre und die merkwürdige, ansteckende Stimmung. Ich war froh, dabei zu sein. Die Leute in Laos wissen, wie man richtig feiert ... mit Würde.

Wer hätte erwartet, dass in einer verschlafenen kleinen Kolonialstadt am Ufer des Mekong so viel los ist? Hühnerjagd, Line Dance, und Party bis zum frühen Morgengrauen mit buddhistischen Mönchen: Luang Prabang ist definitiv der Joker Südostasiens, eine Art New Orleans von Indochina.

Wenn ich an den Anfang meiner Reise zurückdenke und einmal die unglückselige Begegnung mit dem lamettageschmückten Oberst außen vor lasse, hatte ich mir, ehrlich gesagt, wenig von Luang Prabang erwartet. Ich war davon ausgegangen, dass es dort mehr zu sehen als zu tun geben würde. Das ist das Schöne am Reisen: Man wird von Orten überrascht, von Menschen, und man weiß nie, wie es an einem bestimmten Ort ist, bis man selbst dort war. Ich hoffe ganz eigennützig, dass nicht zu viele Leute neugierig auf Luang Prabang werden. Es wäre schade, wenn es sich veränderte.

Das Satri House ist von dichtem Dschungel umgeben, der typischen Vegetation dieser Gegend. Grünes Laub, Lianen und Palmwedel dringen immer wieder bis ins Gebäude vor. In anderen Resorts müht man sich, der Vegetation Herr zu werden und die Wildnis zu zähmen; das Satri House hingegen ist ein französisches Kolonialhaus, das so wirkt, als werde es vom Urwald verschlungen.

Draußen üppiges Grün, innen eine folkloristische Anlehnung an zeitgemäße Stilrichtungen. Laotische Einflüsse sind zwar im Satri House stark vertreten, hauptsächlich spiegelt die Einrichtung jedoch den persönlichen Geschmack der Eigentümerin wider, die in Laos geborenen wurde, in Frankreich aufwuchs und in Paris studierte.

GOA

INDIEN

FORT TIRACOL

Eine abgespeckte Version einer portugiesischen Kolonialfestung, umgeben von beeindruckenden Stränden und Palmen

Goa ist das indische Brasilien. Die wunderschönen Strände und der legendär lässige Lebensstil ziehen seit Jahrzehnten hedonistische Hippies und Strandliebhaber geradezu magnetisch an. Das Ideal von „Peace & Love“ scheint so viel realer an einer tropischen Küste mit weißem Sand und Palmen, umso mehr angesichts niedriger Preise und portugiesischer Atmosphäre. Aber heute strömen nicht mehr nur Hippies an die indische Westküste. Auch neureiche Inder finden Geschmack am Strandleben in Goa, denn die portugiesischen Kolonialherren hinterließen nicht nur Bauten und fremd klingende Familiennamen: Wie in Brasilien versteht man hier zu feiern!

Vor ein paar Jahren war ich in dem schönen Hotel Nilaya Hermitage, das für seine Partys berühmt ist. Die Inhaber, Hari und Claudia Sebir, haben die seltene Gabe, Ästhetik, lockere Atmosphäre und rauschende Feste genau im richtigen Verhältnis zu kombinieren. Als sie mir vom Hotel Fort Tiracol Heritage in einer alten portugiesischen Festung im Norden von Goa erzählten, das sie kürzlich renoviert hatten, musste ich es unbedingt sehen. Ein Wagen stand bereit, um mich hinzubringen, aber erst nach dem Abendessen, darauf bestanden Claudia und Hari. Gleich danach wollte ich fahren, aber wir amüsierten uns so gut, dass ich noch auf ein paar Drinks blieb. Es war nach Mitternacht, als ich ins Auto stieg, aber meine Gastgeber, die mir fröhlich nachwinkten, versicherten, das sei besser so: weniger Verkehr und Ablenkungen (für den Fahrer, nicht für mich).

Wir fuhren ans nordwestliche Ende von Goa, wo das Land an den Nachbarstaat Maharashtra grenzt, nur durch den gewaltigen Fluss Terekhol getrennt. Wie versprochen war die Straße vollkommen ausgestorben und sehr dunkel, ein einziger Tunnel aus Bäumen. Ich nickte auf dem Rücksitz ein und erwachte erst, als die beruhigenden Stöße der Schlaglöcher aufhörten. Es war zwei Uhr früh.

«Sind wir da?», fragte ich den Fahrer. «Nein, Sir», sagte er, «wir warten auf die Fähre.» «Welche Fähre?», fragte ich verschlafen. «Die Fähre ans andere Ufer des Flusses», antwortete er. «Wann kommt sie?», fragte ich. «Um sechs Uhr, Sir.» *Sechs Uhr*? Vier Stunden im Dunkeln, mitten im Nirgendwo? «Das kommt nicht infrage», entrüstete ich mich, «und außerdem haben Hari und Claudia mir gesagt, die Fähre fahre rund um die Uhr.» «Ja, Sir», sagte er, «aber heute Abend waren keine Fahrgäste da, deshalb ist der Kapitän zu Bett gegangen.» «Können wir ihn nicht wecken?», forderte ich. «Wo genau ist denn dieser Kapitän?» «Am anderen Ufer, Sir, in Maharashtra.»

Meine Antwort: «Okay, dann drücken Sie auf die Hupe und blinken Sie mit den Scheinwerfern.» Wie aberwitzig diese Anordnung war, wurde mir erst viel später klar. Da standen wir also, in tiefschwarzer Nacht in einem Wald am Ufer eines mächtigen Flusses, hupend und blinkend wie in einem Verkehrsstau in Manhattan. Wir hupten, blinkten, hupten und blinkten. Nichts. Dann hörte ich von fern das Geräusch eines startenden Dieselmotors. Ein kleiner Schatten kam übers Wasser auf uns zu. Je näher er kam, desto klarer wurde, dass „Fähre" eine stark übertriebene Bezeichnung war. „Floß" traf es weitaus besser. Das ganze Gefährt war kaum breiter als unser Auto. Den Kapitän wecken zu wollen, schien mir nun plötzlich keine so gute Idee mehr.

Es war eine Ein-Auto-Fähre mit zwei Mann Besatzung. Der eine vertäute das Boot, der andere hielt den Motor am Laufen. Zur Hilfe beim Navigieren und um nicht von der Flut ins Meer geschwemmt zu werden, fuhr das Boot an einem Kabel zwischen den beiden Ufern entlang. Als sie endlich anlegte, parkte mein Fahrer pflichtbewusst auf dem sehr kleinen mobilen Ponton. Mit dem Auto darauf war von der Fähre fast nicht mehr zu sehen, aber weder der Kapitän (der Mann, der sich um den Motor kümmerte) noch sein Assistent mit den Leinen schienen im Geringsten besorgt. Wir fuhren los, in die Dunkelheit, Richtung Maharashtra.

Ungefähr auf halbem Weg riss das Kabel – in Wirklichkeit nur ein altes, ölgetränktes Seil –, und wir wurden von der einsetzenden Flut flussaufwärts getrieben. Es hätte schlimmer kommen können: Die Ebbe hätte uns ins Meer schwemmen können. Und dann kam es schlimmer: Der Motor setzte aus. Unsere beiden Führer kratzten sich lediglich am Kopf und unterhielten sich angeregt, es war also wohl nicht das erste Mal, dass sich die Fähre losgerissen oder den Geist aufgegeben hatte. Wir nahmen kräftig Fahrt auf – in die falsche Richtung –, das Boot war ohne den Vorwärtsschub des Motors wesentlich weniger stabil. Da trieben wir also den Fluss entlang, auf einem winzigen Floß, und die verantwortlichen Männer taten anscheinend nicht mehr dagegen als immer neue ölverschmierte Trümmer auf den Berg von Motorteilen zu werfen, den sie beim Versuch, den Schaden zu finden, an Deck angehäuft hatten.

Dann geschah das Erstaunliche – das, was Indien von allen anderen Ländern auf unserem Planeten so grundsätzlich unterscheidet. Entgegen allen Erwartungen bekam der Kapitän den Motor letztendlich wieder flott. Mit einem brutalen Knirschen legte er den Gang ein, und langsam, ganz langsam, kamen wir vorwärts. Eine Ewigkeit später, als die ersten Sonnenstrahlen den Himmel erhellten, legten wir schließlich am anderen Ufer an. Ich fühlte mich wie Moses nach der Durchquerung des Roten Meeres. Mein Fahrer gewann derweil alle Preise für Gleichgültigkeit an der Grenze zum Wahnsinn. Er hatte während des ganzen Dramas im Auto geschlummert und fuhr von der Fähre, als wäre er bloß mal an einer Kreuzung links abgebogen.

Fort Tiracol, das nun im goldenen Licht der Morgendämmerung sichtbar wurde, bot einen umwerfenden Anblick. Vor dreihundert Jahren von den portugiesischen Kolonialherren auf einer strategisch wichtigen Landzunge erbaut und von riesigen, einsamen Sandstränden flankiert, ist es ein spektakuläres Beispiel für die Kunst des Seefahrervolkes, Architektur zu erschaffen, die imperiale Macht ausstrahlt, aber auch die Schönheit der tropischen Umgebung spiegelt. Die weiß und sattgelb bemalte Festung steht direkt an der Küste und birgt in ihren schützenden Mauern eine wunderhübsche Kirche. Ein stattliches Monument an einem spektakulären Ort, gegen dessen

Steinfundamente die Wellen des Indischen Ozeans plätschern. Das Besondere daran ist jedoch, was die Besitzer daraus gemacht haben. Oder vielmehr nicht gemacht. Während viele andere Gebäude in Indien in Hotels umgewandelt und in kleine Kammern aufgeteilt wurden, blieb die Originalarchitektur von Tiracol unverändert. Die Räume sind riesig, die meisten Gäste bekommen ein ganzes Appartement. Claudia und Hari ist es auf ihre typisch zeitgenössische Art gelungen, die Festung zu erhalten, ohne den Komfort aufzugeben. So entstand eine hinreißende Mischung aus kolonialer Herrlichkeit, exotischer Umgebung und entspannter moderner Eleganz.

Als die Vormittagssonne auf die sandigen Strände und das himmelblaue Wasser der einmalig schönen Landzunge schien, war das Missgeschick mit der Fähre nur noch eine blasse Erinnerung.

JOSÉ IGNACIO
URUGUAY

LA POSADA DEL FARO

Minimalistische Moderne zwischen endlosen Dünen und der donnernden Brandung an Uruguays zerklüfteter Atlantikküste

Ein einfacher Klecks Farbe an einer Wand – schon ist klar: Man ist in Südamerika. Die Strände und Dünen mögen Erinnerungen an Marthas Vineyard wecken, aber die Farbe in diesem Wohnzimmer in der Posada del Faro erzählt eine ganz andere Geschichte.

An diesem Ort ist der Himmel so intensiv blau, dass er fast schon lila wirkt. Die helle Architektur der Posada del Faro – gekalkte Wände und gebleichte Weidenruten – bildet daher einen wunderschönen Kontrast zur Intensität dieses Hintergrunds.

Die Posada del Faro ist ein modernes Gebäude, eingebettet in die wilden, windgeschliffenen Sanddünen der Atlantikküste Uruguays. Sie wirkt nicht wie ein Hotel – eher wie das Strandhaus eines Architekten –, und steht in dem winzigen Dorf José Ignacio, nur ein paar Kilometer Luftlinie von Punta del Este. Aber in Sachen Ambiente und Ästhetik ist sie so weit davon entfernt, wie man es sich nur vorstellen kann. Punta del Este verspricht so viel Exotik, dass ich mich bereits auf einen Besuch dort freute, als ich den Plan fasste, Südamerika zu bereisen. Auf einem Kontinent, der für Tausende exotische Strandorte berühmt ist, musste dies einer der besten sein. Schon weil er so beliebt ist, gemessen an der Zahl der Flüge, die täglich von Buenos Aires dorthin gehen.

Was für eine Enttäuschung, als ich schließlich dort ankam! Punta sieht im Grunde aus wie Cancun, aber ohne das türkisfarbene Meer und die weißen Strände (es gibt dort jede Menge Sandstrand, aber eben nicht weißen). Es ist Miami im Kleinformat: ein Gewirr von betonierten Apartmenthäusern, Hotels und Casinos, komplett touristisch angelegt wie die Gold Coast in Queensland. Das überlaufene Gegenteil von Exotik. Ich fragte mich, wieso die Leute hierher kamen (später fand ich heraus, dass viele Brasilianer der Casinos wegen und Leute aus Buenos Aires der Strände wegen kommen, weil sie keine eigenen haben). Als ich an all den Hochhäusern, Einkaufsarkaden und Marinas vorbeifuhr, war ich nahe daran, meinen Traum von einem besonderen Ort an einem verlassenen Strand aufzugeben.

Aber Punta hat man schnell hinter sich gelassen. Fährt man in nördliche Richtung, werden die Hochhäuser und Apartmentblocks bald von niedrigen Gebäuden und kleinen Ensembles von Holzhütten abgelöst. Dann, weiter die Küste entlang, kommen gar keine Häuser mehr, nur noch Wälder und Ackerland auf der einen Straßenseite, auf der anderen lange, beeindruckende Sanddünen und donnernde Wellen.

Bei aller Schönheit wirkte das auf mich nicht wie Südamerika – eher wie die französische Westküste oder die nordatlantischen Strände von Cape Cod und Montauk in den USA. Erstaunlich, dass bestimmte Orte der südlichen Hemisphäre Gebieten der nördlichen so sehr ähneln können. Sieht man nicht ganz genau hin, unterscheiden sich die Strände der Hamptons und Uruguays Atlantikküste nur in den Jahreszeiten. Als ich José Ignacio erreichte, war ich allerdings sofort bezaubert. Mitten in den Dünen liegend, besteht es aus nicht mehr als einer Handvoll Strandhütten an einem ursprünglichen Stück Atlantikküste, das sich scheinbar bis ins Unendliche erstreckt. Solche Orte liebe ich. Alles ist aus Holz und vom Wetter gegerbt. Sogar der Supermarkt ist eine charmant verwitterte hölzerne Halle. Gut nachvollziehbar, warum sich der Schriftsteller Martin Amis für einige Jahre hier niederließ: Einen besseren Ort, um in Ruhe ein Buch zu schreiben, kann es kaum geben.

José Ignacio ist die Sommerresidenz jenes Teils der Bevölkerung von Buenos Aires und Montevideo, der das schlichte Strandleben dem Geprotze von Punta vorzieht. Hier trifft man sich im wahrscheinlich elegantesten und lässigsten Strandklub der Welt, versteckt in den Dünen, an einem Strand, der wie die Kulisse eines Surf-Films der 1960er Jahre wirkt: eine Ansammlung von Wegen aus Holzplanken, die kreuz und quer durch die Dünen führen. Sie sind mit großen Kissen ausgestattet, auf denen unfassbar gebräunte und sportliche Menschen liegen, die aussehen, als äßen sie nie etwas. Das tun sie aber sicher, denn José Ignacio wartet mit einigen der berühmtesten Restaurants Südamerikas auf. Ihnen verdankt dieser kleine Flecken in den Dünen seinen berühmten gastronomischen Ruf.

Neben dem Leuchtturm, der die Bucht überragt, ist die Posada del Faro eines der wenigen Gebäude in José Ignacio, die nicht aus verwittertem Holz bestehen. Der modernistische Bungalow wäre das perfekte Strandhaus für einen neuen Film von Tom Ford: kühne Winkelkonstruktionen und raue Oberflächen bilden schöne Gegensätze zu den organischen Kurven der Dünen ringsum. Die Räume sind wie die Fassaden schnörkellos und weiß mit großen Glasflächen, die einen herrlichen Blick aufs Meer erlauben. Aber das Wichtigste ist die Atmosphäre: sehr entspannt, auf schlichte, aber stilvolle Weise, genau wie man sie sich in einem Haus am Strand wünscht. Manche Gäste gehen bodysurfen, laufen am Strand oder bauen mit ihren Kindern Sandburgen, andere lesen Bücher oder schlafen. Jeder, wie es ihm beliebt. Besser kann man sich nicht entspannen.

Die Posada del Faro ist so ein Ort, an dem ich Wochen verbringen könnte, und daher verwundert es nicht, dass viele Gäste genau das jeden Januar tun. Das Problem ist freilich, dass seine sandigen Dünen und die salzige Luft nicht ausreichen, um genug Touristen anzulocken; deshalb gibt es Pläne, einige neue Hotels in José Ignacio zu bauen. Bleibt zu hoffen, dass die neuen Gebäude dezent und der Umgebung angepasst sein werden, ich habe da jedoch meine Zweifel.

So oder so, ich war beflügelt von meiner Entdeckung, als ich nach Buenos Aires zurückflog. «Sie scheinen sich gut amüsiert zu haben», sagte die Dame neben mir auf Sitz 7G. «Ja», strahlte ich, «ich bin begeistert, wenn ich authentische, unberührte und erschwingliche Orte in wunderbarer Umgebung finde. Wer wäre das nicht?» «Was für ein Ort ist das?», fragte sie und nickte wissend, als ich antwortete: «José Ignacio.» «Wo waren Sie sonst noch?», fragte sie. «Oh», sagte ich, «in ganz Südamerika.» Sie blickte zweifelnd. «Wirklich?», sagte sie, «wo zum Beispiel?» Also atmete ich tief durch und zählte meine letzten Stationen auf: «Zuerst reiste ich von Buenos Aires nach Bariloche, von Bariloche nach El Calafate in Patagonien. Dann weiter zum Perito-Moreno-Gletscher. Zurück nach Buenos Aires, rüber nach Iguazú, dann fuhr ich drei Stunden hinten in einem Lastwagen durch den Dschungel, schließlich mit dem Kanu in ein abgelegenes Centro Biologico am Fluss Iguazú. Zurück nach Buenos Aires, nach Santiago de Chile, dann per Flugzeug in die Atacamawüste. Zurück nach Santiago, rüber nach Lima, dann nach Cuzco und mit dem Zug zum Machu Picchu, zurück nach Lima, weiter nach São Paolo, hinauf nach Porto Seguro, hinunter nach Trancoso, mit

Die Wildheit der windgepeitschten, sonnenbeschienenen Sanddünen der zerklüfteten Küste draußen bildet den Gegensatz zur klaren Schönheit der schlichten, weißen Räume, die hier und da durch ein paar Farbtupfer, regionale Kunstwerke und eleganten Wandschmuck belebt werden. Eine einfache, aber wirksame Formel, die den Reiz der Posada del Faro so zeitlos macht. Dieser Ort wird sich nie verändern – weil er es nicht nötig hat.

dem Schiff nach Corumbau, zurück nach São Paolo, hinunter nach Picinguaba. Wieder nach São Paolo, hinunter nach Punta und dann nach José Ignacio ...» Ich unterbrach mich, um Luft zu holen. Sicherlich war meine Zuhörerin inzwischen eingeschlafen, aber sie sah mich gespannt an und sagte nach einer Pause: «Sie waren also nicht in Venezuela?» Mein verblüffter Blick war ihr Antwort genug. «Und nicht in Bolivien? Oder Ecuador? Oder Kolumbien?» Sie deutete mein anhaltendes Schweigen als «Ja» und fuhr triumphierend fort: «Also waren Sie gar nicht in ganz Südamerika, oder?» Sieg auf der ganzen Linie für die Passagierin auf Sitz 7G, aus ... Venezuela.

Das hat man von seiner Angeberei. Natürlich hatte sie recht. Ich war noch nicht in ganz Südamerika gewesen. Egal, wie weit man reist, es bleiben immer Orte, an denen man noch nicht war.

PORT-CROS
FRANKREICH
LE MANOIR

Das letzte und einzige Haus auf einer ungezähmten, wenig bekannten Insel direkt vor der protzigen Côte d'Azur

Es gibt einen kleinen Ort im Süden Frankreichs, der von der suburbanen Verschandelung, die einen Großteil der Riviera ruiniert hat, verschont geblieben ist. Direkt vor der Küste von Hyères, abseits der endlosen Siedlungen von kastenförmigen Bauernhausimitationen für sonnenhungrige Touristen aus England, Holland und Skandinavien, liegt die geheimnisvolle, unberührte Insel Port-Cros. Sie ist die am wenigsten bekannte der Îles d'Hyères (Porquerolles und Île du Levant sind ihre bekannteren Schwestern), drei Inseln, von denen schon F. Scott Fitzgerald und Jean Cocteau in ihren Werken begeistert berichtet haben. Für die Schriftsteller verkörperten die winzigen Flecken im französischen Mittelmeer die unwiderstehliche, lässige Sinnlichkeit des *Midi* ohne die dekadente, neureiche Atmosphäre von Cannes, Nizza und Monte Carlo.

In Port-Cros gibt es weder Einkaufszentren noch Hotelhochhäuser und sechsspurige Autobahnen. Keine einzige Straße findet man in dieser Oase für Nostalgiker, die jenen Zeiten nachtrauern, als dieser Teil Frankreichs mit seiner idyllischen Schönheit und Gelassenheit Künstler, Poeten und Schriftsteller inspirierte. Hier ist das Mittelmeer so, wie es sein sollte: klar und pur, mit vielfältiger Unterwasservegetation, die das Meer lebhaft smaragdgrün färbt. Auch das Land ist wild und unberührt: Uralte Wälder überziehen die felsigen Hügel der Insel. Es gibt keine Ferienhäuser, Hotels und Campingplätze auf Port-Cros. Nur eine Verteidigungsfestung, die vor zweihundert Jahren unter Napoleon errichtet wurde, und ein elegantes ehemaliges Jagdschlösschen, das das einzige Hotel der Insel beherbergt: das zauberhafte Le Manoir.

Dem Gebäude verdankt Port-Cros, dass es dem Schicksal des übrigen französischen Südens entging. Ursprünglich war die Insel im Privatbesitz der Familie, die das Jagdschloss erbauen ließ. Als der letzte direkte Nachkomme starb, vermachte er das ganze Eiland der Nation, unter sehr strengen und genauen Auflagen. Auf keinen Fall sollte aus der geliebten Insel der Familie eine weitere *plage* (Strand) der Côte d'Azur werden. Es durfte nur ein Hotel geben – das ehemalige Jagdschloss –, und leiten durfte es nur ein Mitglied der Familie. Der Rest der Insel sollte „wild" bleiben, wofür die Regierung Sorge zu tragen hat: Ein Team von Meeresbiologen und Forstwissenschaftlern ist ausschließlich damit beschäftigt, das einmalige Experiment zu überwachen, die Insel in ihrem natürlichen Zustand zu bewahren.

Das heißt nicht, dass Besucher unerwünscht sind. Im Sommer verkehren täglich Fähren von Le Lavandou auf dem Festland zum kleinen Hafen von Port-Cros. Dort kann man außergewöhnliche Wanderungen unternehmen, mit Blick auf einige der unberührtesten Buchten und Strände des ganzen Mittelmeers, steile Felsklippen entlang, die den sicheren Tritt von Gämsen erfordern. Die Passagiere werden beim Aussteigen und abends beim Betreten der letzten Fähre abgezählt. Auf der Insel übernachten kann man praktisch nur als Gast auf Le Manoir, das versteckt zwischen Kasuarinen und Trauerweiden liegt, die die zweitgrößte Bucht der Insel säumen.

Le Manoir ist ein ebenso ursprüngliches Erlebnis wie die Insel selbst. Man fühlt sich in einen Yves-Montand-Film aus den frühen 1950ern versetzt. Das Haus ist in einem lässigen Shabby-Chic-Provence-Stil eingerichtet, mit gemütlichen Korbstühlen, weißem Leinen, geblümten Vorhängen, schwarz-weiß gefliesten Böden, schmiedeeisernen Tischen und hölzernen Fensterläden zum Schutz vor der Nachmittagshitze, die dem Hotel einen verführerischen Charakter und besonderen Charme verleihen. Der einzige Luxus ist die schlichte, natürliche Schönheit und Abgeschiedenheit dieses Ortes – ein seltener Genuss, besonders in Südfrankreich. Le Manoir bewahrt die melancholische Ruhe, die den Süden einst auszeichnete. Es ist auf kultivierte Art verstaubt und altmodisch. Fast erwartet man, in einem der Flechtstühle unter den Trauerweiden Hemingway anzutreffen, mit einem Pernod auf Eis und einer Karaffe Wasser auf dem Tischchen daneben. Die Hitze, das Zirpen der Zikaden, die Sonnenblumen auf den Feldern ringsum, die in der Bucht vor Anker liegenden Segelboote, selbst der Mini Moke, mit dem die Hotelgäste am Pier abgeholt werden, geben dem Ort einen Zauber, dessen Authentizität und Romantik nicht mit Geld aufzuwiegen sind.

Nichts an Le Manoir ist auf elegant gemacht, dennoch ist es einer der stilvollsten Orte, die ich kenne. Als Beispiel sei nur das Abendessen erwähnt: In Südfrankreich isst man spät – schön für Erwachsene, weniger für Kinder, die ins Bett müssen. Deshalb wird im Esszimmer um sieben Uhr ein eigenes Abendessen für jüngere Gäste im Pyjama serviert. Für die Eltern gibt es derweil einen Aperitif. Später, wenn der Nachwuchs schlummert, flanieren die Gäste zu einem Platz am Hafen. Dort stehen unter einer weinberankten Pergola im terrakottafarbenen Sand Tische, die mit weißem Leinen und Silber gedeckt sind. Da man auf einer Insel und mit den anderen Hotelgästen allein ist, muss sich während des Essens niemand um die Sicherheit der Kinder kümmern. Auch in dieser Hinsicht bietet Le Manoir ein sorgloses Leben – aber eines, das reich an Abenteuern für Erwachsene und Kinder ist. Wie wundervoll die Wildnis ist, vergisst man nur zu leicht. Keine Schirme, Lehnsessel, Schilder, Menschenmengen, keine Musik, kein Verkehr, keine Läden, kaum Häuser. Da all dies fehlt, richtet sich der Blick ganz auf die Natur. Man stellt fest, dass man nichts davon braucht, nicht einmal ein Handtuch zum Schwimmen; dass der warme Sand sich an nackten Füßen viel sinnlicher anfühlt als durch Plastikschuhe; dass es weitaus lohnender ist, Fische in ihrer natürlichen Umgebung zu beobachten als in einem Aquarium. Weil die Strände von Port-Cros verborgen liegen und man sie nur auf steilen, zerklüfteten Pfaden erreicht, sind sie noch reizvoller.

Ich denke, das ist es, was der letzte Erbe der Familie, dem diese außergewöhnliche Insel einst gehörte, hinterlassen wollte: eine Möglichkeit, die romantische Schönheit Südfrankreichs zu erleben, bevor sie gänzlich verschwindet. Dank seiner Großzügigkeit ist Port-Cros heute ein blühendes Beispiel dafür, wie die Welt früher einmal war – und noch wichtiger: wie sie sein sollte.

Abgeschiedenheit und Ruhe bietet diese sehr persönlich gehaltene Unterkunft auf der beinahe noch unentdeckten Insel in Hülle und Fülle. Das Reizvollste an Port-Cros ist jedoch sicherlich, wie gut der ursprüngliche Zustand der Insel wiederhergestellt und bewahrt wurde. Ein Team engagierter Meeresbiologen arbeitet ganzjährig daran, Strände, Meeresboden und sogar die Vegetation unter Wasser so zu erhalten, wie sie vor Jahrhunderten waren.

Le Manoir liegt versteckt unter einem grünen Dach von Kasuarinen und Eukalyptusbäumen, am Rande eines idyllischen, natürlichen Hafens. Unauffällig, charmant und bezaubernd zeitlos – das ist das Südfrankreich, von dem wir alle träumen.

PALM SPRINGS
USA

KORAKIA PENSIONE

Marokkanische Architektur und Bohème-Stil im Schatten der ockerfarbenen Berge von Palm Springs in Kalifornien

Die letzte Station meiner Reise auf der Route 1 von San Francisco nach Los Angeles, die Pazifikküste entlang nach Süden und dann östlich landeinwärts, war Palm Springs, das legendäre Refugium am Rand der Mojavewüste. Das sogenannte Rat Pack und die Stars der goldenen Ära Hollywoods haben es über alle Landesgrenzen hinaus bekannt gemacht.

Mein Sohn Louis, damals gerade ein Jahr alt, begleitete mich, mit seinem Bett, einer Spezialmatratze, seinem Kinderwagen und -sitz, einer ganzen Menagerie von Stofftieren, umfangreicher Bibliothek und einem Reisekühlschrank voller Kinderjoghurt. Das einzige Auto, in dem alles Platz fand, war ein riesiger, schwarz lackierter Geländewagen mit getönten Scheiben; ich sah darin aus wie ein Drogenschmuggler aus Medellín. Morgens und abends, wenn ich das „schwarze Untier" be- und entladen musste, fühlte ich mich immer wie ein Wanderarbeiter bei einem unentschlossenen Zirkus: «Stell das Zelt hier auf! Nein, neuer Plan – wir ziehen weiter! Bau es ab und lad es in den Lastwagen.» Meistens blieben wir nicht länger als eine Nacht an einem Ort. Außer im Post Ranch Inn, wo wir in einem Baumhaus nächtigten, das nicht nur spektakulär, sondern auch furchterregend war: Es bot für einen Einjährigen nicht weniger als 28 Arten (ich habe nachgezählt!), Harakiri zu begehen. Nach fünf Tagen als Reisebegleiter meines Sohnes freute ich mich deshalb darauf, ein paar Tage in Palm Springs zu bleiben. Eine Freundin in L.A., auf deren Geschmack und Stilgefühl normalerweise Verlass ist, empfahl mir das schrullige Korakia in Palm Springs. «Es ist wie in Marokko», schwärmte sie. «Okay», sagte ich, «ich versuche es zu finden.» Eigentlich hatte ich keine Lust auf einen „marokkanischen" Ort – ich mag keine Themenhotels und war oft genug in Marokko, um zu wissen, dass mir das Original am besten gefällt. Die Freundin ignorierte meinen Widerwillen und versprach, das Korakia sei leicht zu finden – das letzte Haus vor den Bergen, nachdem man die Hauptstraße verlassen hat. Leicht oder nicht, ich wollte da auf keinen Fall hin. Es hörte sich für meinen Geschmack zu sehr nach Las Vegas an.

Als ich in Palm Springs ankam, hatte ich die Empfehlung längst vergessen. Ich fotografierte und schrieb über Motels wie das Orbit In, die sich erfolgreich bemühen, mit Retrodesign, nierenförmigen Swimmingpools und leicht kitschigen Cocktailbars die Sinatra-Ära wiederaufleben zu lassen. Dann, als ich eines Tages in der Gegend spazieren ging, stieß ich zufällig auf das Korakia. Ich ging eine Straße entlang, nah an den Bergen, die schönste und abgelegenste der ganzen Stadt. Plötzlich sah ich die unverkennbaren Bogen eines Hauses, das so marokkanisch wirkte, als hätte man es Stein für Stein aus Tanger hierher versetzt. Nicht nur die Architektur war bis ins kleinste Detail überzeugend, es passte auch perfekt in die Umgebung – viel besser als die nachgemachten Haziendas und 1960er-Jahre-Bungalows, die sonst das Stadtbild von Palm Springs prägen. Vor dem Hintergrund der kargen, aber schönen San-Jacinto-Berge

wirkte das „marokkanische" Bauwerk, als würde es hierher gehören. Das Korakia liegt nur einen Steinwurf von den Bars und Restaurants der Main Street entfernt, aber es ist entlegen genug, dass die Fantasiewelt, die es beherbergt, von der grellen Ästhetik seiner Nachbarn nicht gestört wird.

Dekor und Architektur sind anregend und verführerisch, aber das Beste am Korakia ist seine Atmosphäre. Wäre ich ein Künstler, würde ich zum Malen hierher kommen. Die Zimmer sind wie Lofts, und es gibt jede Menge verborgene Ecken – private Innenhöfe, Swimmingpools und kleine Gärten –, die den Hunger nach kreativer Inspiration und die Sehnsucht nach Ruhe stillen, ohne dass man sich eingesperrt fühlt. Erbaut wurde Korakia 1924 von dem schottischen Künstler Gordon Coutts; Palm Springs war damals kaum mehr als öde Wüste. Das „Rat Pack" und die Hollywood-Szene waren noch nicht da, Frank Sinatra ein pausbäckiger Lausejunge in Hoboken, New Jersey, und die kanadischen „Snowbirds" waren einfach nur Vögel (heute kommen dagegen im Winter viele sonnenhungrige Kanadier hierher).

Dar Maroc, wie die Villa ursprünglich hieß, erinnert an die Zeit, die Coutts in Tanger verbracht hatte: Als die marokkanische Stadt zum Magneten für die internationale Bohème wurde und Künstler, Schriftsteller, Spione, Söldner und entthronte Aristokraten anzog. Die berauschende Atmosphäre muss den jungen Coutts sehr beeindruckt haben; als er sich schließlich in Amerika ansiedelte, suchte er nicht nur eine Gegend mit ähnlichem Klima, sondern baute – komplett aus dem Gedächtnis – ein Haus, das ihn an den Zauber Marokkos erinnern sollte. Palm Springs war damals eine kleine Künstlerkolonie. Coutts' marokkanischer Kuppelbau mit den gekalkten Zinnen und den riesigen Holztüren wurde bald zum kulturellen Zentrum. Dort erzählte der extravagante Künstler mit dem feuerroten Haar vor der Kulisse der San-Jacinto-Berge Geschichten von seinen exotischen Reisen. Zu seinen Gästen zählten unter anderem Rudolph Valentino und Errol Flynn; selbst Winston Churchill soll in dem Studio gemalt haben, das heute als Gästezimmer dient.

Im Winter, wenn man anderswo in den USA in Stiefeln, Hut, Mantel und Schal Schnee schippen muss, erwacht man hier in der kristallklaren Wüstenluft unter wolkenlosem, stahlblauem Himmel, genießt den ersten Kaffee auf einer Terrasse zwischen Kakteen und Palmen und bewundert die kupferfarbenen Felsblöcke der Berge, die von den warmen Strahlen der Morgensonne vergoldet werden. Für mich ist es das, was Palm Springs ausmacht – nicht die vielen Boutiquen, Restaurants und Bars, von denen zahllose Magazine und Webseiten schwärmen, nicht die Golfplätze, deren Bewässerung den Stauseen der Umgebung das Wasser abzugraben drohen, nicht einmal die berühmten modernistischen Bungalows, die die Modewelt so liebt. Das Korakia mit seiner einmaligen Geschichte, in dieser wunderbaren Umgebung und Abgeschiedenheit, erweckt die wahre Seele von Palm Springs zu neuem Leben: die einfache Schönheit der Mojavewüste und der Berge Südkaliforniens.

Was ich am Korakia am meisten mag, ist diese unkonventionelle künstlerische Atmosphäre. Kein Geprotze, sondern abgeklärte Raffinesse, die sich in Details widerspiegelt: etwa den wuchtigen Steinplatten im Badezimmer oder einem kunstvollen Stillleben aus Flohmarktfunden in einem Gästezimmer. Das Korakia will nicht beeindrucken, ist für mich jedoch einer der beeindruckendsten Orte in den USA.

NUSA LEMBONGAN
BALI

WAKA NUSA

Makellose Schlichtheit, ein mächtiger Vulkan, frischer Fisch und ein Surfparadies auf einem winzigen Eiland vor Bali

Wer nicht surft, hat bestimmt noch nie von dieser wirklich wundervollen Insel gehört. Nusa Lembongan ist ein winziger Flecken vor der Südostküste Balis, mit vielen schönen Stränden, kristallklarem Wasser und einem unvergleichlichen Panoramablick auf Balis größten und imposantesten Berg, den 3031 Meter hohen Agung. Wären nicht ein paar australische Hippies in den frühen 1970er-Jahren hier gelandet, wäre die Insel wahrscheinlich unbekannt geblieben. Sie lebten in *Losmen* (strohgedeckten Hütten) am Strand von Kuta, der bald zum Anlaufpunkt für „Soul-Surfer" wurde, die im exotischen Bali „aussteigen" wollten. Dem balinesischen Hinduismus zufolge leben im Meer die bedrohlichsten Monster, daher betrachteten die Einwohner das Surfen als außerordentliche Heldentat und hießen die langhaarigen Gegenkulturgestalten herzlich willkommen.

Auch das aufblühende Touristendorf Sanur nahe Kuta zog eine kleine Gruppe von Surfern an. Im August 1971 weilte dort der australische Surfer und Filmemacher Albert Falzon, der auf Bali seinen Surffilm „Morning of the Earth" fertigstellen wollte. Auf der Suche nach dem ultimativen Surferlebnis reisten Falzon und seine Crew weiter die Küste hinab. Vor den Klippen der Halbinsel Bukit, nahe dem Tempel Uluwatu, entdeckten sie ein atemraubendes Panorama mit perfekten Wellen, sauberer, größer und beständiger als in Hawaii, der Wiege des Surfens. Uluwatu wurde legendär und galt zeitweise als beste Surfgegend der Welt. Dann fingen die Surfer zu rechnen an: Wenn diese winzige Ecke von Indonesien so unglaubliche Wellen bot, gab es sicherlich Hunderte weitere solche Orte zu entdecken. Ein anderer Surfer, der unerschrockene „Treuhandfonds-Reisende" Bob Laverty aus Südkalifornien, sah aus dem Flugzeug eine einzigartige Wellenlinie an der Südwestspitze von Java und organisierte eine Expedition in eine Gegend namens Grajagan. „G-Land", wie es heute genannt wird, schaffte es mit kilometerlangen, doppelten Wellenkanälen auf die Liste der legendären Surfplätze. Auf „G-Land" folgten unter anderem „Padang-Padang", „One Palm", „Scar Reef" und „Desert Point". Indonesiens scheinbar unerschöpfliches Angebot an unentdeckten Surfplätzen befeuerte die Gier jedes abenteuerlustigen Surfers, einen Ort ganz für sich allein zu finden. Und so wurde auch Nusa Lembongan entdeckt. Man muss jedoch kein Surfer zu sein, um die Insel lieben zu lernen.

Nusa Lembongan ist so unberührt und natürlich, wie ganz Bali einst war. Es gibt kein Einkaufszentrum, kaum Straßen, Restaurants und Surfläden. Die paar Tausend Einheimischen verteilen sich auf zwei Dörfer und leben von Landwirtschaft und Fischerei. Waka Nusa, eines der Hotelresorts, ist dieser schlichten Lebensweise treu geblieben. Es besteht aus zehn strohgedeckten Villen am Strand der Bucht Tanjung Sanghyang ohne Klimaanlagen, Fernsehen und Telefon. Ein größeres strohgedecktes Gebäude mit Sandboden dient als Restaurant: Hier treffen sich die Gäste zum Abendessen, und auf der Karte steht immer „der Fang des Tages".

Die spektakulärste Zeit auf Nusa Lembongan ist der frühe Morgen, wenn das Profil des aktiven Vulkans Agung, Balis „Mutterberg", durch den blaugrauen Nebel scheint. In der trägen Wärme der Morgensonne am Strand zu sitzen, die Zehen im Sand, vor dem Frühstück den ersten Kaffee zu trinken und dabei die imposanten Berge von Bali zu bestaunen, ist regelrecht spirituell, ob man nun an Gott glaubt oder nicht. Kein Wunder, dass der strenggläubige balinesische Hindu (und Harleyfahrer) Ketut Siandana und seine Brüder, die auch Waka di Ume (siehe Seite 191) betreiben, hier ein Resort errichteten.

Waka Nusa verfügt über einen hochseetüchtigen Katamaran namens Wakalouka, auf dem die Gäste von Bali nach Nusa Lembongan segeln, eine sehr langsame und zugleich abenteuerliche Art zu reisen. Unser Boot fuhr vor dem Mittagessen ab. Den ersten Teil der Strecke legten wir teilweise mit Motorantrieb zurück, vorbei an einigen der großen Hotels, die an Balis Stränden aus dem Boden geschossen sind. Aber als der Katamaran die Meerenge Badung erreichte, den Kanal zwischen Bali und Nusa Lembongan, wurden die Segel gesetzt, und das Boot sauste nur so dahin. Eine Gruppe von Delfinen begleitete uns, hin und wieder beeindruckten sie uns mit Sprüngen über den Bug und Saltos in der Luft als Zugabe. Dann segelten wir einige Zeit neben einem gewaltigen schwarzblauen Pottwal. Diese Begegnung begeisterte viele Reisende, aber ich wusste aus Geschichten, dass ein übermütiger Wal mit einem einzigen Kopfstoß oder Flossenschlag leicht eine Jacht versenken kann. Unser massiger Freund hielt locker mit uns mit, obwohl wir in der steifen Küstenbrise regelrecht dahinflogen. Schließlich schnaubte er laut und furchterregend, stieß eine Wasserfontäne aus und verschwand im Wasser. Es war ein unglaubliches Erlebnis, ein so majestätisches Wesen aus solcher Nähe zu beobachten, dennoch war ich zugegebenermaßen erleichtert, als es vorbei war.

Spätnachmittags landeten wir auf der sandigen Sichel, auf der Waka Nusa liegt. Das Motto dort lautet: absolute Schlichtheit; dennoch ist die Siedlung in puncto Design recht innovativ. Der öffentliche Bereich ist eine große offene Konstruktion mit Strohdach nach dem Vorbild des indonesischen Langhauses, der traditionellen Stammeswohnstätte, die auf Borneo und den entlegeneren Inseln heute noch in Gebrauch ist. Im Grunde ist es einfach ein Dach, das Schutz vor dem Regen und der Sonne bietet. Mehr braucht man an einem solchen Ort nicht. Die Unterkünfte der Gäste sind ebenso zweckmäßig und simpel. Jeder Gast hat einen eigenen Bungalow am Strand. Von außen wirken die Bungalows eher kompakt, sind aber dank ihrem runden Schnitt überraschend geräumig. In der Mitte steht ein großes Bett, umgeben von einem behaglichen Wohnbereich mit eingebauter Bank entlang der Wandrundung. Am Strand gibt es außerdem eine kleine Wellnessanlage, ideal, um genau das zu tun, was die australischen Hippies in den frühen 1970er-Jahren vorhatten: „aussteigen", sich zurücklehnen, im Einklang mit der Welt sein. Waka Nusa ist genau das Richtige für den „Soul-Surfer" in uns allen.

Die Gästebungalows von Waka Nusa, nur einen Katzensprung vom Strand entfernt, verbinden eine runde Grundform mit einem kegelförmigen Strohdach – eine wunderbare Mischung aus Tradition, Moderne und geschickter Raumnutzung. Mit den polierten Betonböden, den prächtigen Himmelbetten, gemütlichen Wohnbereichen und den ungewöhnlich geschnittenen Badezimmern sind diese Juwelen ihrer idyllischen Umgebung ebenbürtig.

ARIZONA
USA

RANCHO DE LA OSA

Cowboys, Farben und Kakteen auf einer Ranch im staubigen Herzen des Apachenlandes

TEQUILA

SABOR
ENTERO!

Das Rancho De La Osa ist ein Ort, wie man ihn aus vielen alten Western wie „Die glorreichen Sieben" kennt, mit harten Kerlen wie Yul Brynner, die auf schwarzen Rössern durch staubige Landschaften mit hohen Kakteen reiten.

Das *Spread*, wie man diese Art Ranch in Arizona nennt, liegt im ehemaligen Apachengebiet, nicht weit vom Rio Grande. Die Umgebung ist von gnadenloser Schönheit: ein blassblauer Horizont, umrissen von fernen, zerklüfteten Gipfeln mit abgeflachten Spitzen; hier und da schlängelt sich ein steiniger Strom durch die Gegend. Die ideale Landschaft, um sie zu Pferde zu erkunden. Tagsüber reitet man aus und hilft beim Hüten der Rinder für die Ranch, nachts schläft man in einer der Hütten, rund um die aus Lehmziegeln erbaute Hazienda. Diese wirkt, als hätte sie Frida Kahlo persönlich eingerichtet: strahlend indigoblaue Wände, die mit roten, orangefarbenen und grünen geometrischen Mustern bemalt sind, an denen Handarbeiten amerikanischer Ureinwohner hängen, wie Navajodecken und -teppiche. Die Wirkung ist verführerisch und sehr authentisch. Mexiko ist nicht weit und der Einfluss des einstigen „Neuen Spaniens" überall auf der Hazienda zu sehen: von den Eichenmöbeln und schmiedeeisernen Kronleuchtern bis hin zur alten Glocke, die immer noch an dem Gebäude hängt, das einst der Handelsposten war (die heutige Bar), und immer zum Abendessen geläutet wird.

Ich weiß ehrlich nicht mehr, wie ich auf diesen Ort gekommen bin, aber ich werde die Reise dorthin niemals vergessen. Ich war damals im Südwesten der USA unterwegs, arbeitete an einem HIP-Hotelbuch und landete in einem Teil von Texas, der Big Bend genannt wird. Um zu erahnen, wie groß Texas ist, muss man nur versuchen, vom Big Bend aus irgendwo anders in den USA hinzufahren – es dauert mindestens zwölf Stunden, auch nur den Staat zu verlassen. Ich stieg morgens ins Auto und fuhr in einer geraden Linie einige Hundert Kilometer nordwestwärts vom Big Bend nach Bisbee, Arizona, wo es ein Hotel aus antiken Stromlinienwohnwagen gibt. Jeder Gast bewohnt eine eigene der silbern lackierten, revolverkugelförmigen US-Ikonen. Ist das nicht fantastisch? Als ich endlich in Bisbee ankam, waren die Stromlinienwohnwagen wirklich großartig, aber niemand hatte mir gesagt, dass man einen Panoramablick auf ... eine stillgelegte Mine hat. Statt, wie geplant, die Nacht dort zu verbringen, beschloss ich, zum Rancho De La Osa weiterzufahren. Der Karte zufolge liegt die Ranch zwischen Tucson, Arizona, und Nogales, Mexiko, nahe der Stadt Rio Rico. Der Wegbeschreibung nach sollte ich erst auf der I-10 nordwestwärts nach Tucson fahren, dann auf der I-40 nach Süden Richtung Nogales. Ein Riesenumweg. Die andere Möglichkeit war eine kleinere Straße nach Westen durch die Stadt Sonoita, dann südwestwärts auf einer Straße, die in Rio Rico endete. Auf der Karte waren beide Straßen als gestrichelte schwarze Linien dargestellt. Ich wusste nicht, was das bedeutete, und es war mir egal. Ich wollte einfach so schnell wie möglich zum Rancho De La Osa. Bald stellte sich heraus, dass gestrichelte schwarze Linien „nicht gepflastert" bedeuten. Für Vierradantrieb kein Problem, aber ich fuhr einen absolut ungeeigneten Standardmietwagen – noch dazu vollständig weiß. Es war spät, ich war seit Stunden unterwegs und wollte nur noch ankommen, also redete ich mir ein, das Auto würde das schaffen. Wie schlecht konnte die Straße schon sein? Diese Frage beantwortete ein lautes, verstörendes Krachen, das mein armer kleiner Sedan jedes Mal von sich gab, wenn das Fahrwerk auf die unebene Schotterpiste knallte. Abgelenkt durch die nicht endende Folge hervorstehender Felsbrocken und klaffender Schlaglöcher, bemerkte ich nicht, dass ich seit gut zwei Stunden keinem anderen Fahrzeug mehr begegnet war, bis ein Bronco mit der Aufschrift „United States Border Patrol" in Sicht kam. Sie ließen mich rechts ranfahren.

Ein Offizier mit genau so einer Spiegelbrille, die man bei einem US-Grenzer erwartet, näherte sich langsamen, gemessenen Schrittes meinem Auto. «Wissen Sie, weshalb wir Sie angehalten haben?», fragte er mit ernster Miene.

«Nein?», war meine dürftige Antwort, mit hörbarem Fragezeichen.

«Sir», er lehnte sich ans Fenster, «es gibt nur zwei Arten Fahrzeuge, die diese Straße benutzen: Entweder sie schmuggeln illegale Immigranten oder illegale Drogen. Was davon tun Sie?»

«Äh, weder noch», sagte ich, wie ich hoffte, in möglichst unschuldigem Ton. «Ich bin Reiseschriftsteller und Fotograf und unterwegs zu einem Ort namens Rancho de la Osa, gleich bei Rio Rico.» Meine Stimme klang fast flehend, als hätte ich etwas sehr Schlimmes und Dummes angestellt (was mindestens zur Hälfte zutraf). Offensichtlich war es das Amüsanteste, was die Beamten die ganze Woche über erlebt hatten: ein Tourist mit unaussprechlichem Nachnamen, alleine in einem Mietwagen ohne Vierradantrieb auf einer der gefährlichsten Straßen der USA.

«Na ja, Sir», sagte mein neuer Freund und unterdrückte ein Lachen, «wenn Sie einem anderen Auto begegnen und es nicht wir sind, sprechen Sie besser ein Gebet. Diese Schmuggler sind ein nervöses Pack und könnten Ihren Ford für eine Zivilstreife halten, falls Sie wissen, worauf ich hinauswill.»

Ich verstand, was er meinte (Subtilität war nicht unbedingt seine Stärke). Außerdem gaben sie mir noch den hilfreichen Hinweis, dass es in zwei Stunden dunkel werden und ich es bis dahin nie nach Rio Rico schaffen würde. Ich fühlte mich wie in einem dieser gruseligen David-Lynch-Filme, die an gottverlassenen Orten mitten im Nirgendwo spielen und wo ewig nichts passiert, man aber weiß: Wenn endlich etwas passiert, wird es unvorstellbar brutal sein. Aber Bisbee lag ebenso weit entfernt wie Rio Rico, und es war dieselbe Straße, in beiden Richtungen dasselbe Risiko, also konnte ich ebenso gut weiterfahren. Ich quälte den armen kleinen Ford, als wäre er ein Range Rover mit Turbolader. Das Fahrwerk flog mir förmlich um die Ohren, aber das war mir egal; ich drehte die Musik auf, um das Schrammen und Krachen zu übertönen, und fuhr weiter in Richtung Rio Rico wie ein Fernfahrer auf Speed. Kurz vor acht Uhr abends, nach vier Stunden auf dem Weg aus der Hölle, langte

Liebhabern von alten Western erscheint das Rancho De La Osa sehr vertraut. Aber man sollte sich nicht täuschen lassen: Dies ist keine Hollywood-Ferienranch. Die Landschaft ist ebenso echt wie das Leben dort. Wer nach dem Frühstück ausreiten möchte, von dem wird erwartet, dass er mithilft, die Rinder zusammenzutreiben und sie auf neue Weiden zu führen. Das ist harte, staubige Arbeit, aber ein unvergessliches Erlebnis.

ich triumphierend – und dankbar – am Tor des Rancho De La Osa an. Meine Gastgeber müssen mich wohl für etwas seltsam gehalten haben, weil ich sogar für amerikanische Verhältnisse übertrieben höflich war. Sie ahnten ja nicht, dass ich gerade meine eigene Version von „No Country for Old Men" durchlebt hatte. Und mein armes Auto? Die Leute bei der Autovermietung sagten kein Wort, als ich es zurückgab. Sie überprüfen die Fahrwerke wohl nie.

Nach einem langen Tag im Sattel ist es entspannend, einfach nur auf einer der Veranden des Rancho De La Osa zu sitzen. Sie sind der ideale Ort, um in einem gemütlichen Stuhl, bemalt in den Farben der Wüste, umgeben von monumentalen Kakteen, ein kaltes Reisbier zu genießen, während die sengend heiße Sonne von Arizona langsam untergeht.

LIPARISCHE INSELN
ITALIEN
HOTEL RAYA

Vulkanisch-minimalistische
Eleganz auf den abgelegenen
Liparischen Inseln

Dieser Ort erinnert sehr an die kalkweiße Schlichtheit der griechischen Inseln: Das Hotel Raya auf der Insel Panarea ist ein raffinierter minimalistischer Traum auf einem zerklüfteten Vulkanfelsen mitten im azurblauen Wasser des Tyrrhenischen Meeres.

Auf den Liparischen Inseln braucht man nicht mehr zum Anziehen als Badekleidung, einen Sarong, T-Shirt und eine Sonnenbrille gegen das alles überstrahlende blendende Weiß. Mein erster Besuch auf Panarea war kurz. Sehr kurz. Ich war zu einer Beerdigung in Australien unterwegs, und das Schiff – außerhalb der Saison die einzige Verbindung zwischen den Liparischen Inseln und dem Festland – machte auf dem Weg von Sizilien nach Neapel in Panarea Halt. Ich war nur ein paar Stunden auf der Insel, aber einige Dinge stachen mir sofort ins Auge. Wo waren die Autos? Busse? Lastwagen? Und Mopeds? Eine italienische Küstenstadt ohne eine Bande von Teenagern, die mit aufgemotzten „Nähmaschinen" ziellos durch die Gegend rasen, hat etwas Befremdliches. Hier sah man nicht einmal Fahrräder. Die Architektur wirkte ursprünglich, attraktiv und einheitlich: Alle Häuser waren von derselben Form, Farbe und annähernd gleich hoch. Die Wirkung war auf faszinierende Weise stilvoll, ein perfekter Kontrast zur wilden Schönheit der Landschaft – als hätten Dolce & Gabbana gemeinsam mit „Avatar"-Regisseur James Cameron eine „virtuelle" italienische Insel kreiert. Ich beschloss, wiederzukommen und dieses unerwartete Juwel im Sommer zu erkunden, wenn man mit den Tragflächenbooten und SeaCats von Neapel aus in weniger als vier Stunden nach Panarea kommen kann. Inzwischen machte ich ein paar Hausaufgaben.

Die idyllische Anmutung der Liparischen Inseln ist jüngeren Datums. Vor nicht allzu langer Zeit zählten sie noch zu den ärmsten Regionen Italiens, vor allem Panarea, die kleinste Insel, die am wenigsten zu bieten hatte. Sie ist flach, felsig und unfruchtbar. Leben konnte man praktisch nur von der Fischerei, aber das italienische Festland liegt zu weit entfernt, und so konnten die Einwohner ihren Fisch nur untereinander und mit ein paar nahen Nachbarn handeln. Kein Wunder, dass die meisten von ihnen nach Australien auswanderten. Wer genau hinhört, wird hin und wieder ein englisches Wort mit typisch australischem Dialekt aufschnappen, mitten in einer italienischen Diskussion: Manche Enkel von Auswanderern kehren in die „alte Heimat" zurück, um zu sehen, wo ihre Ahnen einst geboren wurden.

Wie das verlassene, karge, abgelegene Panarea seinen heutigen Kultstatus erlangte, ist eine kuriose Geschichte. Sie begann mit einem Globetrotterpärchen, Paolo Tilche und Myriam Beltrami, die in den 1960ern hier landeten. Damals war die Insel kaum noch bewohnt, nur eine Handvoll Familien erarbeiteten sich wie seit Urzeiten ihren Lebensunterhalt aus dem Meer. Aber Myriam und Paolo sahen kein unglückseliges Stück Vulkangestein im Ozean – sondern einen Ort exquisiter, unberührter Schönheit, gesegnet mit dem klarsten smaragdgrünen Wasser des ganzen Mittelmeers. Panarea war genau,

was sie suchten. Hier konnten sie leben, wie sie es sich immer erträumt hatten: den ganzen Tag schwimmen, tauchen und fischen. Panarea war eine Rückkehr zur Natur, ohne die hohen Preise und den billigen Tourismus anderer, bekannterer Mittelmeerinseln in Kauf nehmen zu müssen. Sie bauten sich ein Haus auf einem kleinen Felsen mit Blick auf den Vulkan Stromboli, und bald standen Freunde und Bekannte Schlange, um das neu entdeckte Paradies zu erleben. Damals legte höchstens alle zwei Wochen ein Schiff in Panarea an, aber das hielt die neuen Besucher nicht ab, die dem unkomplizierten Charme und der Schönheit der Insel verfallen waren. Da Myriam und Paolo ihr Haus laufend erweitern mussten, um den stetigen Zustrom von Gästen unterzubringen, wurde schließlich ein Hotel daraus (das heutige Raya). Als immer mehr Freunde Myriam und Paolo baten, ihnen Grundstücke zu vermitteln, um selbst Häuser zu bauen, wurden die beiden eine Art Gralshüter des neuen Stils der Insel. Deswegen sieht auf Panarea alles so gleich aus.

Paolo, der sein Handwerk während eines Aufenthalts auf der griechischen Insel Hydra gelernt hatte, entwarf alles nach einem umfassenden Plan, getreu dem Vorbild der dortigen Bauweise. Wie Panarea ist Hydra ebenfalls klein und recht spartanisch, aber sehr beliebt bei Designern und Architekten, die mit der Fähre aus Athen kommen, weil es so zauberhaft unberührt ist. Das ist kein Zufall, sondern das Resultat genauer Planung. Autos, Busse, Lastwagen, Motorräder und sogar Fahrräder sind nicht zugelassen und gepflasterte Straßen deshalb nicht nötig. Schmale Pfade und Wanderwege genügen. Die Einwohner halten sich an strenge Bauvorschriften, die traditionelle Formen und Farbmuster umfassen; mehr als zwei Stockwerke sind verboten. Das Ergebnis ist höchste Lebensqualität, frei von Lärm und Verschmutzung, auch optischer Art.

Wie auf Hydra sind die Bauvorschriften auf Panarea unerbittlich. Sämtliche Gebäude folgen dem traditionellen liparischen Stil und einem strengen Farbschema: weiß gekalkte Wände, akzentuiert mit kontrastierenden Details in Taubenblau, Ocker und Terrakottarosa. Die Mischung ist perfekt, auch wenn man keine Ahnung von liparischen Traditionen hat – ein optisches Erlebnis von stillem Zauber, wenn man die gewundenen Pfade von den Häusern zu den Stränden entlangwandert.

Ich schaffte es in jenem Sommer noch einmal nach Panarea. Das Erste, was mir ins Auge stach, als ich meinen Blick von der Terrasse des Hotels Raya schweifen ließ, war der grollende, rauchspeiende Stromboli auf der Nachbarinsel. Das Hotel ist so angelegt, dass man einen Panoramablick auf das Spektakel hat. Von den Terrassen auf den Klippen aus, die bis hinunter zum Wasser, den sogenannten *pied dans l'eau* („Füße im Wasser") reichen, kann man den Vulkan beim Frühstück, Mittag- und Abendessen bewundern. Das ganze Hotel bildet eine Art Tribüne für dieses Schauspiel, das nachts, wenn der leuchtende Vulkan Dampf und Rauch ausstößt, besonders fesselnd ist. Raya wurde in zwei Bereiche klug aufgeteilt. Das Gebäude am Wasser mit Tischen und Terrassen ist der zentrale soziale

Treffpunkt, wo man isst, trinkt und tanzt. Die Gästezimmer, kleine gekalkte Bungalows, geschmückt mit exotischen Stücken aus Bali, liegen in den Hügeln ringsum, fünf Minuten vom Hauptgebäude entfernt. Die Logik dahinter ist simpel. Wer Partys feiern will, kann das ungestört tun; wer jedoch schlafen möchte, zieht sich in die Hügel zurück und kann sichergehen, nicht vom Lärm gestört zu werden.

Die wilde, verführerische Schönheit der Natur und der elegante architektonische Stil machten Panarea zum hässlichen Entlein der Liparischen Inseln, das sich eines Tages als majestätischer (weißer) Schwan entpuppt hat. Fast meint man, die Gespräche drüben in Australien hören zu können: «Opa, was hast du dir bloß gedacht? Wie konntest du eine derart schöne Insel einfach so verlassen? Hättest du nicht wenigstens ein paar Morgen Land behalten können?»

Drei Dinge unterscheiden Panarea von allen anderen Orten auf Erden: der wunderbare Ausblick auf den Stromboli und andere Vulkane im Meer, der unglaublich schöne Kontrast zwischen dem Blau und Weiß der getünchten Häuser, des Himmels darüber und des Wassers ringsum und die konsequent einheitliche Architektur – alle Gebäude haben dieselbe Höhe, denselben Stil und den gleichen Anstrich.

Hinter dem makellosen Weiß des Hotels Raya steckt kein Geheimnis, sondern nur sehr viel Arbeit: Jedes Jahr muss die gesamte Anlage innen und außen von oben bis unten aufs Neue frisch gestrichen werden.

KERALA
INDIEN

LAGOONA DAVINA

Kanus aus Baumstämmen, Strohhütten, kunstvolle Schirme und eine malerische Lagune am unberührten Strand Keralas

Vergessen Sie Ihre Sorgen an einem wundervollen Ort! Wenn ein solches Motto je gepasst hat, dann zu dieser versteckten Zuflucht in einer geheimen Lagune an der unberührten Küste Keralas. Es wäre auch ein guter Titel für die Lebensgeschichte der Inhaberin Davina. Als frisch geschiedene Mutter erwachsener Kinder, gelangweilt von ihrem Job als Immobilienmaklerin in Großbritannien, suchte sie etwas Neues, verkaufte ihre Firma und reiste nach Indien. Dort verfiel sie der bezaubernden Schönheit Keralas und der achtsamen Lebensweise, die dort üblich ist. Sie beschloss, ein prächtiges Refugium für Frauen wie sie zu schaffen, wo man Yoga praktizieren, meditieren, sonnenbaden, am Strand spazieren gehen oder einfach gar nichts tun kann, ohne den üblichen Risiken für allein reisende Frauen ausgesetzt zu sein.

Für diese Idee fand sie den idealen Ort. Davinas Lagune ist ein Stück vom Paradies: üppige Palmen über silbrig schimmernden Gewässern, endlose Strände mit goldenem Sand, alten hölzernen Fischerbooten, zum Trocknen aufgehängten Netzen und dem faszinierenden Blau des Indischen Ozeans im Hintergrund – all das in einer Gegend, in der fast immer die Sonne scheint; und wenn es tatsächlich einmal Niederschlag gibt, ist es warmer Sommerregen. Das Klima ist zwar traumhaft, aber für gewöhnliche Touristen ist die Gegend nichts. Es gibt in der Nähe keine Hotels, Restaurants, Läden und Bars, nur die Lagune und die Fischer am Strand, die seit Jahrhunderten das Gleiche tun: ihre Netze auswerfen und fischen.

Davinas Gäste finden das perfekt. Sie kommen nicht, um Urlaub zu machen, sondern um ihr normales Leben auf Eis zu legen. Sie wollen die einzigartige heilende Wirkung der ayurvedischen Massage erfahren, in Yoga über die einfache „Hund"-Übung hinauskommen, frisch gefangenen Fisch und frisch gepflückte Mangos essen. Sie sind glücklich ohne Klimaanlage, Fernsehen, Mobiltelefone und Internet, ohne Verkehr, Autos und den öffentlichen Nahverkehr. Sie sind hier, um sich einmal im Leben nur auf sich selbst zu konzentrieren. Davina hat genau das geschaffen, was ihr vorschwebte: einen Ort, an dem man ungeniert man selbst sein kann. Und der zieht nicht nur Singlefrauen an, die „Eat Pray Love" gelesen haben, sondern auch Männer. Wieso auch nicht? Wie wunderbar befreiend, sich mit Yoga, Massage und gesundem Essen verwöhnen zu lassen, ohne dass sich die Fußballkumpels das Maul darüber zerreißen. Eine Woche im Lagoona Davina macht jeden Mann metrosexueller als David Beckham.

Dort einige Zeit zu verbringen, könnte Ihr Leben verändern. Ich kenne einen hochkarätigen Profi in der Reiseindustrie, der für eine der erfolgreichsten Fluglinien der Welt arbeitete und von einem Besuch in der Lagoona Davina träumte. Er hätte überall hinfahren können, aber er entschied sich für diesen Ort: die strohgedeckten, unkonventionell und eklektisch eingerichteten Bungalows am Rand der Lagune, die schlichten Tische und handgemachten Rattanstühle im Schatten der Palmen, wo das Essen serviert wird. Er blieb ein paar Wochen und wurde nicht müde, davon zu schwärmen. Offenbar hatte die Erfahrung in seinem Kopf ein paar Schalter umgelegt: Bald nach seiner Heimkehr beschloss er, sein gesamtes Leben zu ändern. Er verließ seine Frau, zog nach Berlin und tauchte in die Kunstszene ein, lernte Deutsch und fand eine hübsche deutsche Freundin. In Davinas Lagune wird man nicht unbedingt direkt zu derart radikalen Veränderungen ermutigt, aber auch nicht daran gehindert. Man fällt hier kein Urteil; es ist ein Ort, an dem jeder der vielen möglichen Wege zum Glück seinen Platz hat – eine Einstellung, die eine Grundlage der indischen Kultur ist.

Vor Jahren, auf meiner ersten Reise nach Kerala, führte man mich zu einem der wenigen erhaltenen Holzpaläste Südindiens. Der von der Regierung gestellte, höchst bewanderte Führer wies mich auf die Hauptattraktion des Palastes hin: einen Raum mit Wandgemälden, der Krishna gewidmet war. Dort, im dämmerigen Inneren des Palastes, fanden sich leuchtend bunte Darstellungen aus dem Leben Krishnas, angefangen mit einem Bild des Gottes als dickes blaues Baby, das Butterschmalzkugeln aus der Küche klaut. Die nächste Zeichnung zeigte Krishna als blauen Teenager in einem Baum über einem Fluss, wie er eine Gruppe aufgebrachter nackter Frauen auslacht, die nicht aus dem Wasser können, weil er ihre Saris versteckt hat. Auf dem letzten Bild war ein erwachsener blauer Krishna zu sehen: Umgeben von spärlich bekleideten Frauen gibt er sich fleischlichen Gelüsten hin. Einem westlichen Mann wie mir, sagte ich dem Führer, erscheine es seltsam, eine der meistverehrten Gottheiten Indiens als freches Kind, jugendlichen Übeltäter und promiskuitiven Mann darzustellen. Er sah mich überrascht an und sagte nach einer Pause: «Aber klar ... so lebt ein Gott!» Genauso lebt man auch in Davinas Lagune: in einer wunderschönen Umgebung im warmen Tropenklima, mit frischem, gesundem Essen und dem täglichen Luxus von Yogastunden und therapeutischen Ölmassagen. Das einzige Problem: Niemand wird Ihnen ein einziges Wort davon glauben, wenn – oder besser, falls – Sie danach in Ihr normales Leben zurückkehren.

Als Marco Polo damals von seinen Reisen und Abenteuern im Fernen Osten erzählte, lachte man ihn aus und verspottete sein Buch als „eine Million Lügen". Was er berichtete, schien einfach zu fantastisch und unwirklich, um wahr zu sein. Ebenso schwer zu glauben, dass das Leben in der Lagoona Davina so hinreißend exotisch und zugleich so leicht zugänglich ist. Man fragt sich, wieso wir eigentlich unsere Zeit in diesem kühlen Klima verbringen, Schuhe tragen, ins Büro gehen und in öffentlichen Verkehrsmitteln herumsitzen.

Schon die Ankunft in der Lagune erinnert an ein orientalisches Märchen. Ein Auto holt die Gäste am Flughafen Thiruvananthapuram ab (der wohl längste Flughafenname auf Erden) und hält nach kurzer Fahrt an einer Brücke. Während die Koffer im Wagen bleiben, setzen die Gäste ihre Fahrt zur Lagune in einem Einbaum auf den herrlichen Wasserwegen fort, denen Kerala seinen legendären Ruf verdankt. Sie möchten wie ein Gott leben? Nichts leichter als das – und zwar (pro Tag) zum Preis von zwei Theaterkarten.

Davon träumen wir alle, wenn wir im strömenden Regen auf dem Weg zur Arbeit sind: eine palmengesäumte Lagune mit Blick auf den Strand und hölzerne Fischerboote, im milden tropischen Klima in Indiens südlichstem Bundesstaat. Davina konnte den Traum verwirklichen, als sie auf diese Lagune stieß.

ÎLE DE RÉ
FRANKREICH
LE SÉNÉCHAL

Kühle, moderne Räume, clever versteckt hinter einer historischen Fassade im Zentrum eines typisch französischen Fischerdorfs

Im August findet man in Paris keine Pariser. Wer indes denkt, sie seien alle nach Südfrankreich gefahren, liegt falsch. Die berühmte Côte d'Azur gilt längst nicht mehr als ursprünglich französisch. Schlimm genug, dass Paris selbst das ganze Jahr über von *les étrangers* gestürmt wird – nicht auszudenken, wenn ihre bevorzugten Strände dasselbe Schicksal ereilte. Der alljährliche Exodus zu den *plages* findet daher so unauffällig wie möglich statt. Kaum jemand hat je von der Île de Ré gehört (noch nicht), und die Pariser, die im Sommer mehr als 90 Prozent der Inselbevölkerung ausmachen, hätten gerne, dass es so bleibt.

Die Île de Ré ist eine Insel der Bauernhöfe und Fischerdörfer. Es gibt keine Hochhäuser, Mietapartments und Einkaufszentren. Strikte Vorschriften schützen die Dörfer – Saint-Martin-de-Ré, Les-Portes-en-Ré, Loix und Ars-en-Ré – und das Ackerland ringsum vor dem Bauboom und den Touristenströmen, die Südfrankreich in eine einzige Vorstadt verwandelt haben. Stattdessen findet man hier alte Steingebäude, antike Dorfplätze und unberührte Dünen.

Der Charakter der kleinen, flachen Insel vor Frankreichs Westküste ist wild und maritim, aber nicht aufgehübscht oder klischeehaft. Was Läden und Essen angeht, sind die Pariser allerdings kaum zu Zugeständnissen an die rustikale Umgebung bereit. Kleine Käsereien, Bäcker, Fischhändler und Metzgereien, deren Angebot mit den Pariser Nobelvierteln mithalten kann, findet man auch in den kleinen Orten auf Ré. Denn kein echter Pariser gibt sich den ganzen Sommer lang nur mit Pizza und Hamburgern zufrieden.

Die französischen Besucher der Île de Ré (und das sind viele) ähneln den reichen US-Amerikanern, die regelmäßig aus New York und Boston in die Schlichtheit von Nantucket oder Marthas Vineyard entfliehen. Sie kommen hierher, um zur Natur zurückzufinden: klare Luft zu atmen, Rad zu fahren, zum Schwimmen, Kiteboarden und Segeln ... nicht um in der Hitze im Verkehrsstau festzustecken oder in den Strandrestaurants von St. Tropez Schlange zu stehen, wo man einen Wochenlohn für eine Blechschale mit rohem Gemüse ausgeben muss. Die Île de Ré ist kein Ort zum Sehen und Gesehenwerden – dafür sind alle viel zu beschäftigt. Außer den Radwegen, den Stränden und Häfen finden sich hier Antiquitätenläden, kleine, elegante Boutiquen und viele Brasserien, Cafés und Fischrestaurants unter freiem Himmel.

In dem herrlichen Fischerdorf Ars-en-Ré steht ein Haus, das viel mehr bietet, als man von einem Hotel in einer Kleinstadt erwarten würde. Die äußere Erscheinung von Le Sénéchal täuscht. Das Gebäude wirkt formell und altmodisch wie ein Postamt. Es liegt im Stadtzentrum, gegenüber einer markanten Kathedrale mit einer schwarz-weiß gestrichenen, steinernen Turmspitze (Da der Turm das höchste Bauwerk im Umkreis von Kilometern ist, ließen ihn die Leute im Ort wie einen Leuchtturm anstreichen, damit sich die Fischer auf See daran orientieren können.). Innen sieht es dagegen ganz anders aus. Dank dem Inhaber und seiner Frau (er ist Architekt, sie ist Designerin), besteht Le Sénéchal aus weiträumigen, kaum unterteilten Lofts mit hohen Decken. Die Räume sind lichtdurchflutet und in Creme-, Taubengrau- und Ecrutönen gehalten. Niemand hat mehr Sinn für eine solch lässige Eleganz als die Franzosen. Der eleganten, modernen Inneneinrichtung zum Trotz ist Le Sénéchal eher eine Pension mit Wohlfühlcharakter als ein Hotel. Bei der Gestaltung ging es vor allem darum, eine entspannte Atmosphäre zu schaffen, besonders für die Sommerzeit: Dann können sich die Gäste in schattigen Winkeln in kleinen Innenhöfen und auf den Steinstufen vor ihren Zimmern ausruhen, in gestreiften Louis-XVI.-Stühlen vor dem Frühstücksraum Bücher lesen oder an dem in einem ummauerten Hof versteckten Pool liegen. Andere schwingen sich aufs Rad und fahren an den nächsten Strand. Die Insel bietet ein sehr gutes Netz von Radwegen, das in den wilden Sanddünen verborgen ist.

Die Île de Ré ist so bezaubernd, dass ich oft erwogen habe, mir hier selbst etwas zu kaufen, trotz der strikten Bauvorschriften, an die sich Immobilieneigentümer auf der Insel halten müssen. Einmal wollte ich ein napoleonisches Fort kaufen, das als Frühwarnstation im Falle einer britischen Invasion an der Nordostküste erbaut worden war. Der Eigentümer, der Freund eines Freundes, wusste nicht, was er damit anfangen sollte. Es stand unter Denkmalschutz, durfte also nicht umgebaut werden und wirkte als ehemaliger Militärstützpunkt nicht gerade heimelig. Ich fand es trotzdem perfekt und machte ihm ein Angebot, das er annahm. «Was hast du damit vor?», fragte er, als wir uns trafen. «Ein Ferienhaus für meine Familie», sagte ich. «Viel Glück», meinte er sarkastisch.

Mein Instinkt gebot mir zu schweigen, aber ich ließ mich von meinem Ego hinreißen, ihm meine Pläne detailliert zu erläutern. «Das Dach», sagte ich, «wird zurzeit gar nicht genutzt. Ich möchte einen großen Dachgarten anlegen, wie bei den Riads in der Medina von Marrakesch. Da alles aus Zelten, Pflanzen und Vorhängen und nicht aus dauerhaften Anlagen besteht, werde ich keine Baugenehmigung brauchen.» «Was ist mit der Inneneinrichtung?», fragte er. «Eine Familie kann dort kaum wohnen.» «Darüber habe ich bereits nachgedacht», sagte ich stolz. «Ich möchte zwei riesige offene Kamine einbauen, einen an jedem Ende. Das sind Heizanlagen, also ist keine Baugenehmigung nötig. In die Mitte kommt eine Inselküche. Das meiste kommt als Bausatz von Ikea, und ohne Eingriffe in die Bausubstanz ...» «... braucht es keine Baugenehmigung!», stimmte er begeistert zu.

Bestärkt durch unser Gespräch, konnte ich es kaum erwarten, das fantastische Projekt in Angriff zu nehmen. Der Verkäufer auch. Am nächsten Morgen erhielt ich einen Brief, in dem er erklärte, er wolle das Anwesen aus familiären Gründen doch nicht verkaufen. Meinem Freund zufolge, der uns vorgestellt hatte, baute er das Fort dann genau so aus, wie ich es geplant hatte.

Ich warte also weiterhin auf die Chance, ein eigenes Haus auf der Île de Ré zu erwerben. In der Zwischenzeit jedoch bietet das elegante, entspannte Le Sénéchal ein echtes Ersatzzuhause.

Le Sénéchal, im Herzen eines historischen Fischerdorfs auf der französischen Île de Ré gelegen, verbindet Geschichte und Tradition mit Stil, Komfort und Modernität. Dass diese Kombination eine derart interessante Wirkung entfaltet, ist kein Wunder: Die Eigentümer sind ein Architekt und eine Designerin.

Es passt zu einer Kultur, die als Meisterin der geheimen Freuden berühmt ist, dass das Äußere des Hotels nicht die Vielfalt der Genüsse verrät, die hier für den perfekten Sommerurlaub angeboten werden. Hinter der altmodischen Steinfassade verbergen sich viele kleine Innenhöfe: In einem befindet sich ein schöner Pool, in den anderen Höfen kann man dagegen essen und trinken.

In der Ortsmitte, gegenüber vom Le Sénéchal, steht eine Kirche mit einer auffällig schwarz und weiß gestrichenen Turmspitze. Man sagt, die Gemeinde habe nicht genug Geld gehabt, um eine große Kirche und einen Leuchtturm zu bauen. Daher ließ man die Turmspitze wie einen Leuchtturm streichen. Er dient auf diese Weise als Orientierungspunkt für heimkehrende Fischer.

ANCHOR of HOPE
Lutheran Mission established 1883

PARACHILNA

AUSTRALIEN

THE PRAIRIE HOTEL

Kamelwürstchen und Känguruburger in einem exzentrischen historischen Pub mitten im australischen Outback

Das Prairie Hotel liegt zu Füßen des Flindersgebirges, der letzten geologischen Grenze, bevor das wüste, glutheiße Herz Australiens beginnt – einem unermesslich großen, weiten Land voller roter Sanddünen, spektakulärer Schluchten, toter Wälder, funkelnd weißer Salzschichten, purpurroter Bergzinnen und endloser roter Ebenen, die nur hie und da von einem Strauch unterbrochen werden. Hier findet man alle Klischees des australischen Outbacks, deshalb ist die Gegend wohl auch so beliebt als Filmlocation. Kate Winslet und Harvey Keitel waren hier in „Holy Smoke" (1999) zu sehen, der legendäre Regisseur Philip Noyce drehte hier „Long Walk Home" (2002). Aber von Filmen abgesehen – wieso sollte irgendwer hierherkommen, mitten ins Nirgendwo? Die Antwort ist so bizarr wie die Gegend selbst. Das Prairie Hotel, auch bekannt als Parachilna Pub (nach der Stadt, in der es liegt), zieht mit seiner Küche zahllose Besucher an. Ja, genau – eine Kneipe, in einer Gegend, die die Australier selbst „das Hinterland des Jenseits" nennen, in einem Dorf mit sieben Einwohnern, ist berühmt für ihr Essen. Nicht irgendein Essen. In einem Land, in dem man Gastronomie sehr ernst nimmt, wurde das Prairie Hotel durch seine „ungezähmt wilde Kochkunst" berühmt.

Wer auf geräuchertes Kamel, gegrillten Emu, geräuchertes Känguru und Wildziegenquark mit Chutney aus Muntries als Vorspeise, einen gemischten Grillteller mit Ziegenkotelett, Kängurusteak, Kamelwürstchen und Wallaby-Schaschlik auf Kartoffelbrei mit hausgemachter Soße oder einfach nur einen Känguruburger oder ein Omelett aus Emu-Eiern als schnellen Snack Lust hat, muss nach Parachilna fahren. Und wie schmeckt das alles? Das Emu-Omelett ist definitiv etwas für Kenner – weniger aus Geschmacksgründen, sondern weil das Ei so groß ist. Der „Roo-Burger" sieht recht normal aus, schmeckt aber eher nach Wild und ist etwas zäher. Kaninchencurry war nichts für mich, aber die Kamelwürstchen mit hausgemachten Chutneys sind fantastisch: mager und höchst aromatisch. Ross Fargher, der Inhaber des Prairie Hotels (er ist der Mann auf der Veranda mit dem Hut auf dem Kopf und dem Bier in der Hand auf Seite 179) pflegt eine Leidenschaft für regionale Zutaten, etwa die Vielzahl an wilden Beeren und Grüngemüse, die nur hier wachsen. Es ist eine Reise in eine regionale Küche, die den Aufwand wirklich lohnt. Ich fand nicht alle Gerichte wunderbar, aber es war faszinierend, sie zu probieren, und ich verstand sehr gut, wieso die „wilde Kochkunst" des Hotels auf Touristen so anziehend wirkt.

Aber das Prairie Hotel bietet nicht nur eine fantastische Landschaft und faszinierendes Essen. Auch seine moderne Architektur ist eine Attraktion. Hinter der traditionellen Steinfassade, dem Wellblechdach und den feinen Schmiedearbeiten des alten Pubs verbirgt sich ein schönes Beispiel für ökologisch bewusstes Design. Um die Doppelzimmer zu kühlen, ohne riesige Mengen Energie zu verbrauchen, sind sie in den Erdboden eingelassen, jeweils mit einem Bad und einem Eingangsflur im Parterre und dem kühlen, schattigen

Schlafzimmer darunter. Eine clevere und sachgemäße Lösung für eine Gegend, in der die Temperaturen im Sommer gerne einmal die 50-Grad-Marke übersteigen. Da ein Teil des Gebäudes unter der Erde liegt, bleibt zudem die original viktorianische Stein-und-Schmiedeeisenarchitektur der Kneipe erhalten.

So originell und einfallsreich das Hotel und die Zimmer gestaltet sind, verbringen die Gäste doch kaum Zeit darin. Schließlich bietet die außergewöhnliche Umgebung Gelegenheit für zahlreiche Aktivitäten, wie ein Picknick in einem ausgetrockneten Bachbett, einen Viehtrieb durch die Prärie und Aussichtsflüge über das Flindersgebirge. Einen solchen Flug unternahm ich auf dem Rückweg nach Port Lincoln, eine abgelegene südaustralische Fischerstadt, berühmt (zumindest in Japan) für ihren Weißen Haifisch. Mit gepacktem Koffer machte ich mich auf die Suche nach dem Piloten. «Er ist vorne in der Bar», sagte man mir in der Küche. Dass man seinen Piloten in der Bar findet, das gibt es nur im Outback. Der Pilot, der aussah wie siebzehn, saß auf einem Hocker am alten Tresen des Parachilna Pub. Unsere erste Begegnung hätte gut in eine Bierreklame gepasst.

«Guhdday», sagte er mit typisch australischem Dialekt. «Bereit zum Aufbruch? Gehen Sie mir noch schnell mit dem Flugzeug zur Hand, okay?» Ich verstand, was er sagte, hatte aber keine Ahnung, was er meinte. Ihm mit dem Flugzeug helfen ... wie sollte das gehen? Buchstäblich: Der Flieger – eine kleine, einmotorige Cessna – stand in der falschen Richtung, und wir mussten sie umdrehen. Die Maschine befand sich direkt vor der Kneipentür. Die Einheimischen reckten sich auf ihren Barhockern, um zu sehen, wie das „Stadtkind" (ich) Pilot Wayne mit seinem Flugzeug zur Hand ging. Ich griff also nach einem Flügel und drückte mit aller Kraft dagegen, er schob in die andere Richtung, und schließlich stand das Flugzeug richtig herum. Für Wayne war das alles offenbar ganz normal, aber ich wuchtete zum ersten Mal ein Flugzeug in einer Pferdekoppel herum. Mir war sofort klar, dass das kein normaler Flug werden würde.

Wir hoben schließlich vom Feld neben dem Pub ab. Die Einheimischen, die inzwischen draußen standen, um das Ereignis zu verfolgen, hoben ihre *schooner*, prosteten uns zu und gingen dann wieder hinein, um weiterzutrinken. Der Pilot war ein begeisterter Flieger. Besonders Twister – Minitornados, die aus der Wüste hochwirbeln – hatten es ihm angetan. Mit vor Entzücken geweiteten Augen und einem Blick wie Jack Nicholson in den schlimmsten Szenen von „The Shining" steuerte er direkt auf sie zu. Unsere kleine Cessna schoss himmelwärts, als hätte man uns an die Startrakete eines Spaceshuttles angekoppelt. Wayne hatte einen Riesenspaß und jauchzte wie ein verrückter Rodeoreiter; inzwischen suchte ich die Spuckbeutel. Ich fühlte mich wie auf einem dieser mechanischen Rodeobullen, die es in manchen texanischen Kneipen gibt. Nur war unser Ritt schneller, wilder und gefährlicher, und es gab keine Zuschauer, um meine „Männlichkeit" zu würdigen. Der Rest des Flugs war dagegen sehr angenehm. Mein „halbstarker" Pilot fand keine Twister mehr zum Jagen, die Landschaft veränderte sich von der endlosen roten Staubwüste zu den vielfarbigen, ausgesprochen schönen Flindersbergen. Wie sich herausstellte, wusste Wayne erstaunlich viel über das Gebirge, eines der Haupthindernisse für den Regen auf dem Weg zum Outback. So entwickelte sich der Flug von einer Fahrt in einem kaputten Aufzug zur interessanten Sightseeingtour. Als wir Port Lincoln erreichten, konnte ich kaum glauben, dass ich vor nicht mehr als 45 Minuten fast wieder zu beten gelernt hätte.

EL

Der Gästezimmerflügel des Prairie Hotels verbindet die typisch australische Schmiedeeisenbauweise mit der modernen, energiesparenden Idee, das ganze Gebäude zu zwei Dritteln im Boden zu versenken. So lassen sich die Räume in der sengenden Hitze des Outbacks viel leichter kühl halten.

Dünen aus rotem Sand, hier und da ein Busch, Mini-Zyklone, sogenannte Twister, die den Staub gen Himmel wirbeln, zurückgelassene Trümmer von verwittertem Holz und rostigem Eisen – dieses Szenario zieht viele Filmemacher in den menschenleeren Teil Australiens. Eine wunderschöne Gegend, trotz, oder gerade wegen der kargen Landschaft.

UBUD
BALI

WAKA DI UME

Reisterrassen, Tempel und moderne
Kunst im spirituellen Zentrum Balis

Waka di Ume ist eine zurückhaltend elegante, durch und durch moderne Anlage, auf den grünen Terrassen einer außerordentlich schön gelegenen Reisplantage in Ubud. Das spirituelle Herz Balis zeigt sich hier von seiner exotischsten Seite: rundherum hohe Berge und dichter Dschungel, durchschnitten von tiefen Schluchten und zahlreichen Flüssen. Eine wundervolle Mischung aus tiefer Spiritualität und atemberaubender Naturschönheit – mehr kann man als Reisender kaum erhoffen. Kein Wunder, dass dieser winzige Ort auf Indonesiens einziger Hindu-Insel zum Brennpunkt der Kunstszene und zum spirituellen Knotenpunkt des Landes wurde.

Waka di Ume ist ein Sprungbrett in den tiefen kulturellen Pool der Gemeinde Ubud, zu Füßen des Zentralgebirges der Insel. Es gibt keine Strände – nur üppigen Dschungel und einen heiligen Fluss. Religöse Festlichkeiten und Tempel stehen im Mittelpunkt des Lebens. Die Hindukultur der Insel, vor Jahrhunderten von indischen Händlern dort eingeführt, unterscheidet sich erheblich vom übrigen, muslimisch geprägten Indonesien. Aufgrund ihrer Individualität hat die Insel eine natürliche Neigung zu Kunst und Handwerk und eine tief verwurzelte Toleranz für Andersartigkeit jeglicher Art. Deshalb gab es in Ubud schon lange eine etablierte Kunstszene, als westliche Künstler in den 1930ern zum ersten Mal die Gegend besuchten.

Passenderweise lernte ich Ubud und Waka di Ume durch die Tochter eines Künstlers kennen. Annas Vater ist Michael Johnson, einer der angesehensten und bekanntesten Künstler Australiens. Sie ist außerdem eine geistreiche Autorin und arbeitete einige Zeit als Kunstredakteurin für mein Magazin *Interior Architecture*. Anna wuchs in einem Loft in New York auf, bevor diese Art zu leben in Mode kam und die Gegend zur Shoppingmeile für Schwarzgekleidete wurde. Diese ungewöhnliche Art aufzuwachsen schulte ihr Auge für Kunst, Mode und Architektur. Als ich erwähnte, ich wolle nach Bali reisen, schlug sie mir Waka di Ume vor.

Klar, warum Anna Waka gefiel. Es ist der ideale Ort für Künstler und zudem sehr modern, nicht nur ästhetisch, sondern auch in seiner Einstellung. Ich finde es zum Beispiel wunderbar, dass das Restaurant, dessen Äußeres dem traditionellen indonesischen Langhaus nachempfunden ist, zum Frühstück Nasi Goreng serviert (ein traditionelles Gericht aus gebratenem Reis, Huhn, Gewürzen und Erdnusssoße mit einem Spiegelei oben drauf). Dazu gehört einiges an Mut, obwohl die Idee so naheliegend ist. Schließlich ist man hier in Indonesien, wieso also nicht essen wie die Indonesier – Toast mit Rührei bekommt man daheim jeden Tag. Dieses Exemplar traditionell geprägter, moderner Architektur liegt mitten in einer Plantage terrassierter Reisfelder. Man kann einfach aus dem Haus gehen und sich einer bunten Parade schön gekleideter gläubiger Hindus auf dem Weg zu einem der nahen Tempel anschließen. Das ist das wahre Bali. Man muss aber definitiv kein „Kulturfanatiker“ sein, um sich hier wohlzufühlen. Waka di Ume ist ein großartiger Ort, um auf elegante Weise zu entspannen, ohne sein

Konto dabei zu überziehen. Wer indes Lust hat, die Insel zu erkunden, findet Balis beeindruckende Spiritualität, seine wundervollen handwerklichen Traditionen und die großartige Energie seiner Kunstwelt direkt vor der Tür.

Die Marke Waka wurde von drei jungen balinesischen Brüdern geschaffen, die buchstäblich in der Welt der Hotels aufwuchsen. Ihr Vater ist Gründer und Inhaber des berühmten Oberoi am Strand von Seminyak. Nach ihrem Universitätsabschluss beschlossen die drei Brüder, den Touristen ein anderes Bild von Bali als das bekannte zu präsentieren. Sie starteten mit Geländewagentouren in die Wildnis, sahen aber bald ein, dass selbst der kühnste Abenteurer einen Stützpunkt braucht. Waka di Ume war ihr erstes richtiges Projekt und ihr erstes Hotel (heute besitzen sie vier weitere Häuser in verborgenen Winkeln Balis). Die dazu nötigen Kenntnisse fanden sich in der Familie. Ketut Siandana, der Jüngste, war der Architekt des Hotels; die raffinierte, nahtlose Verschmelzung von Tradition und Moderne ist sein Werk. Der zweite Bruder, Intut, studierte in Jakarta Betriebswirtschaft, was bei der Expansion der Firma sehr hilfreich war. Der Dritte absolvierte eine Hotelfachschule, hat zudem großes Interesse an Gastronomie und kümmert sich um alles, was Speisen und Getränke anbelangt. Ein sehr unabhängiges Trio also. Aber was sie wirklich auszeichnet, ist, wie sie auf Bali immer neue wunderschöne und unentdeckte Flecken aufspüren.

Wann immer sie Zeit haben, steigen sie auf ihre Harleys und fahren auf der Insel umher. Auf einer dieser Expeditionen begleitete ich sie. Sie öffnete mir die Augen, nicht nur weil ich ein ganz anderes Bali sah – die Gletscherseen bei Gobleng, dem höchstgelegenen Ort, den ausgedörrten Norden der Insel, nahe Java, wo 3000 Meter hohe Berge den Regen abhalten – sondern auch, weil ich einen einmaligen Einblick in die Spiritualität der Menschen dort erhielt. Bei jeder Gelegenheit hielten Ketut und seine Brüder an, um zu beten. Nicht auf die strenge westliche Art auf Knien, sondern nach hinduistischem Brauch: Man entzündet eine Kerze, bringt dem Gott, dem der jeweilige Schrein gewidmet ist, Blumen und Speisen dar und gibt den Leuten, die sich um den Schrein kümmern, Almosen (Geld). Diese dezente, mitfühlende Form der Spiritualität macht verständlich, weshalb die Menschen auf der Insel so gütig sind. Ich werde Anna für ihren untrüglichen Instinkt immer dankbar sein. Bali durch Waka kennenzulernen ist ein Glück und ein Segen. Eine bessere Verbindung zu dieser außerordentlichen Insel und ihrer wundervollen Bevölkerung hätte ich mir nicht wünschen können.

Überflutete grüne Reisterrassen, viele Tempel und der beeindruckende Anblick von Balis Vulkanen im Nebel – Ubud ist seit Langem das spirituelle Zentrum dieser bezaubernden exotischen Insel.

Waka di Ume ist eine gelungene und ausgewogene Mischung aus Tradition, Luxus und Modernität. Hier kann man das wahre Bali entdecken, ohne auf Komfort verzichten zu müssen. Zum Beispiel bietet der Wellnessbereich einen großartigen zweistufigen Pool, der von Reisplantagen umgeben ist. Regionale Kultur ist auch im Restaurant zu finden: In dem traditionellen Langhaus gibt es indonesische Speisen.

MARRAKESCH
MAROKKO

TIGMI

Lehmwände, Esel, Berberteppiche
und unerwartet modernes Innendesign
in einer uralten Stadt im Schatten des
mächtigen Atlasgebirges

D as Tigmi ist ein unaufdringliches Hippiehotel in einem uralten, kleinen Dorf aus Lehmmauern am Fuß des Atlasgebirges. Wer Paul Bowles' „Himmel über der Wüste" (1949) schätzt und das Land entdecken möchte, wer Gnawa-Musik, Tajine-Küche und traditionelle Lehmarchitektur mag und eine Stadt sehen möchte, in der sich seit Tausenden von Jahren nichts verändert hat, ist hier genau richtig. Tigmi, sowohl das Dorf als auch das gleichnamige Hotel, ist so isoliert und abgelegen, dass man sich kaum vorstellen kann, dass die Stadt Marrakesch lediglich eine halbe Stunde Fahrt entfernt ist. Nirgends gibt es Hinweise auf das 21. Jahrhundert – keine Strommasten, keine Autos, keine Straßen. Der Ort wirkt so ursprünglich, dass Regisseur Martin Scorsese ihn als Szenario für seinen Film „Die letzte Versuchung Christi" (1988) wählte. Ich habe Tigmi lange vorher kennengelernt – durch die unglaublichen Abenteuer meines Freundes Gilles Berthomme.

Gilles, ein verrückter Franzose, war mit einem Limousinenverleih in Biarritz zu Geld gekommen. Als er die Firma schließlich verkaufte, beschloss er, ein Versprechen einzulösen, das er sich selbst gegeben hatte: Er wollte als einer der ersten Ausländer in der Medina von Marrakesch leben. Dieser mittelalterliche Teil der Stadt besteht aus einem Labyrinth von Hohlwegen und Kleinstraßen, die nicht breiter als ein Pferd sind. Dort verlaufen sich selbst Einheimische regelmäßig, und es herrscht eine städtische Dichte, wie man sie im Westen selten sieht. Denkt man sich den Gestank der offenen Kanäle und den Lärm hinzu, der ständig durch die engen Gassen schallt, so versteht man, wieso Gilles, nachdem er sechs Monate in der Medina gelebt hatte, ein noch exotischeres Haus kaufen wollte, das 30 Minuten außerhalb der Stadt an der Straße nach Tizi-n-Test lag. Dieses Haus war ein ehemaliger Lustgarten: ein monumentaler nutzloser Prunkbau, vor langer Zeit von einem Sultan erbaut, dem ein Großteil der Gegend gehört hatte. Das Grundstück war einen Hektar groß, umgeben von zehn Meter hohen Mauern, die an die Ruinen der ehemaligen Kasbah des Sultanspalasts anschlossen. Innerhalb der Ummauerung hatte der Sultan einen wunderschönen Garten angelegt, im persischen Stil, mit vier „Lustpavillons", ausgerichtet nach den Himmelsrichtungen, prunkvoll eleganten Zufluchten vor der heißen, staubigen Landschaft. Der Sultan hatte seinen Harem auf die Pavillons verteilt; wenn er Erholung brauchte, suchte er seinen Garten auf, entschied sich für eine Himmelsrichtung (Nord, Süd, Ost oder West), und ... den Rest kann man sich ausmalen. Der Reiz eines solchen Ortes ist leicht nachzuvollziehen. Gilles war jedoch kein Sultan, er hatte keinen Harem und wenig Ahnung, wie viel Arbeit es kosten würde, den Lustgarten, der ebenso in Trümmern lag wie das Schloss, zu neuem Leben zu erwecken.

Ich besuchte ihn in den folgenden Jahren hin und wieder. Der Garten entwickelte sich prächtig. Gilles hatte Obst- und Pfefferbäume gepflanzt, die Gehwege und Bewässerungsanlagen mit spektakulären geometrischen Zillij-Mosaikkacheln gefliest. Die Pavillons waren sorgfältig renoviert, die Wände mit strahlendem Tadelakt verputzt, die Decken mit handgemalten Oleanderzweigen verziert; auf den gekachelten Böden lagen schöne Berberteppiche. Gilles hatte mit seinem sultanischen Prachtbau Großes vor: Er träumte davon, ein kleines Luxushotel daraus zu machen, und beinahe wäre ihm das auch gelungen. Zu Beginn des Projekts hatte er eine hübsche französische Freundin und ein Auto. Am Ende, als er fast fertig war, blieb ihm nur noch ein Esel. Tragisch, wie nah er der Verwirklichung seines Traumes kam, aber es war einfach zu viel Arbeit, und irgendwann ging ihm das Geld aus. Kurz darauf verließ ihn seine Freundin und nahm ihr Auto mit. Als ich Gilles das letzte Mal sah, versuchte er auf dem Land seines Lustgartens Getreide anzubauen, um über die Runden zu kommen. Sein Gesicht war wettergegerbt; er trug eine *Djellaba* und war von den anderen armen Bauern in dem Dorf kaum noch zu unterscheiden. Schwer vorstellbar, dass eine solche Geschichte jemandem Lust macht, in derselben Gegend das Gleiche zu versuchen. Aber so kam es.

Bei meinen Besuchen bei Gilles begleitete mich oft Max Lawrence, ein dynamischer junger Brite, dessen Vater die wegweisende Reiseagentur *The Best of Morocco* gegründet hatte. Max hatte schon sehr früh genug von England und der Schule, blieb daher in Marrakesch und nutzte seine guten Sprachkenntnisse für seine eigenen Renovierungsprojekte. Mit dem Sohn des berühmten marokkanischen Architekten Charles Bocarra als Partner, schuf er aus ein paar Lehmbehausungen am Rand der Palmerai in Marrakesch das Hotel Caravanserai. Das Hotel war ein großer Erfolg, den Max und seine Partner zu wiederholen suchten. Der Ort, den sie sich dafür wählten, war Tigmi. Mit geradezu krankhaftem jugendlichem Optimismus kauften sie einen Teil des antiken lehmummauerten Dorfes und machten sich an die schwere Arbeit, das Labyrinth aus bröckelnden Lehmwänden in ein modernes Hotel zu verwandeln. Da es dort noch nicht einmal Elektrizität gab, setzten sie auf traditionelle Bautechniken und Materialien wie gepresste Erde, Tadelakt-Wände und Zillij-Fliesen. Sie ließen jedoch auch modernen Komfort in Form von großen, schönen Badezimmern, Klimaanlagen und einen Swimmingpool einbauen. Anders als der arme alte Gilles brachten sie ihr Projekt zu Ende und engagierten einen der erfahrensten und professionellsten Hotelmanager in Marrakesch als Betreiber.

Der Ort Tigmi sieht immer noch aus wie vor tausend Jahren, aber das gleichnamige Hotel ist eine elegante, kultivierte Unterkunft mit traditionellen marokkanischen Elementen, geschmackvoll, kühn und modern eingesetzt. Es lässt den Besucher in ein Marokko eintauchen, das sich einst mehr als fünfhundert Jahre lang vor der Welt verschloss, während das Hotel nur eine halbe Stunde Fahrt von den noblen Bars und Restaurants Marrakeschs entfernt ist. Marokko ist eine der letzten Gegenden der Welt, in der man in einem mondänen Café am Boulevard Mohammed V. einen Minztee trinken und 30 Minuten später durch ein staubiges Ziegelhüttendorf spazieren kann.

Aus der Ferne nicht zu erkennen: Von außen verschmelzen die nach alter Berbertradition gekalkten, mit Zinnen gekrönten Lehmziegelmauern des Tigmi perfekt mit dem Rest des alten Dorfes zu Füßen des Atlasgebirges. Auch die Inneneinrichtung setzt auf marokkanische Dekorationselemente, ist jedoch mit seiner Betonung von Raum und Licht eher modern gehalten.

Nahtlos und völlig klischeefrei werden in den Gästezimmern typische Elemente der südmarokkanischen Kultur kombiniert. So zieren die Decken der loftähnlichen Suiten traditionelle Oleanderblätter in geometrischen Mustern, ein beliebtes Motiv in der islamischen Kultur. Selbst der Schnitt der Zimmer folgt der traditionellen marokkanischen Vorliebe für lange, rechteckige Räume.

UBATUBA
BRASILIEN

POUSADA PICINGUABA

Ein winziges Fischerdorf, von dem noch niemand gehört hat, an einem spektakulären Stück brasilianischer Dschungelküste, keine drei Stunden von São Paolo entfernt

Alles begann mit einem Eintrag in einem Gästebuch. Andrew Nichols und Ted Wilson, Freunde aus London, hatten eine wundervolle Unterkunft entdeckt, in einem winzigen Fischerdorf an einem abgelegenen Stück Atlantikküste etwa drei Autostunden von São Paolo in Brasilien entfernt. Als sie abreisten, schrieben sie ins Gästebuch: «*Endlich* – ein Ort, an dem Herbie noch nicht war.» Den französischen Betreiber, einen Exbanker und Abenteurer namens Emmanuel Rengade, machte der Kommentar neugierig. Wer war „Herbie"? Andrew und Ted erzählten ihm von mir, erklärten ihm die Verbindung zu HIP-Hotels, und das war's – Rengade verbiss sich in die Sache wie Hemingway auf der Jagd nach einem Speerfisch. Er fand meine Nummer und Mailadresse heraus und hinterließ unzählige Nachrichten. Ich muss zugeben, dass ich keine davon beantwortete, weil ich in Nordbrasilien beim Fotografieren war und keine Zeit hatte. Aber er gab nicht auf und tauchte sogar am Flughafen von São Paolo auf, als ich zufällig dort Zwischenstation machte. Er war ein ziemlicher Schwätzer, und obwohl ich nicht die geringste Lust hatte, weitere drei Stunden im Auto zu sitzen, stimmte ich letztendlich zu, nach Picinguaba mitzufahren. Schließlich hatte niemand, den ich in São Paolo kannte, je von dem Ort gehört. Emmanuel ließ nicht locker und sagte, es gebe herrliche Strände, man könne fantastisch surfen. Warum, fragte ich mich, fahren die Brasilianer dann alle in den Norden, wenn sie ans Meer wollen?

Die ganze Sache war schwer zu beurteilen, weil es bereits dunkel war, als wir ankamen. Aber als ich am nächsten Morgen erwachte und aus dem Fenster schaute, war ich glücklich, dass ich mich hatte überreden lassen. Picinguaba ist ein wirklich herrlicher Ort, umgeben von dichtem Dschungel und beeindruckenden Bergen, die in üppig grünen Kaskaden bis zum leuchtenden Blau des Atlantiks hinabreichen. Die Strände sind jungfräulich weiß, eine beständige Brandung lädt zum Surfen ein, und es war keine Menschenseele zu sehen – ein großes Plus für begeisterte Wellenreiter. Picinguaba eine Stadt zu nennen wäre übertrieben: vier Häuser und etwa zwanzig Leute, mehr gibt es dort nicht. Und das nur wenige Stunden von São Paolo mit seinen zehn Millionen Einwohnern entfernt.

Das Hotel selbst besteht aus den Überresten eines verlassenen Klosters (in Südamerika hat es die katholische Kirche immer geschafft, die besten Plätze für ihre Gotteshäuser auszuwählen). Es ist ein schlichtes, schönes Haus, geschmückt mit einer umfassenden Sammlung brasilianischer Artefakte, wie Federkronen. Trotzdem wirkt es sehr stilvoll und ein bisschen wie eine Galerie mit weißen Wänden, vor allem weil nichts den Blick von der Schönheit der Umgebung ablenkt. An luxuriösem Komfort fehlt es jedoch nicht: moderne, weiß gekachelte Badezimmer, ein Swimmingpool mit Meerblick, ein Speiseraum mit wunderschönem Panorama – mit einer stilistischen Ausgewogenheit gestaltet, die fast französisch wirkt. In Picinguaba spielt sich jedoch alles draußen ab: Man surft, wandert, lässt sich auf dem Rücken Stromschnellen hinabtreiben, oder schwimmt im Fluss. Emmanuel und ich haben all das getan – an einem Tag! Es war einer der schönsten und ereignisreichsten Tage, die ich je in Südamerika erlebt habe. Wie jeder anständige Entführer brachte mich Emmanuel zum Flughafen zurück, und ich stieg in meine umgebuchte Maschine nach Paris, total erschöpft, aber glücklich über meinen Fund: so schön, so unberührt und so vollkommen unentdeckt. Ich würde sicherlich zurückkehren.

Ich ahnte ja nicht, dass ich ein ganz besonders Stück Picinguaba mit nach Hause genommen hatte. Als wir in Paris landeten, spürte ich eine seltsame Beule an meinem Handgelenk. Also begab ich mich, nicht zum ersten Mal in meiner Reisekarriere, in die Infektionsklinik des Instituts Pasteur, wo man sich über das Wiedersehen freute. «Nichts Ernstes, Monsieur Ypma. Nehmen Sie diese Antibiotika, dann geht es Ihnen wieder gut.» Mit der Zeit entwickelte sich die Beule jedoch zum Minivulkan, einem gewaltigen Höcker mit höchst aggressivem Krater, der nicht aufhören wollte zu eitern. Es sah unmöglich aus und ich musste die Wunde unbedingt verbergen, weil ich ein paar Verabredungen in London hatte. Also lieh ich mir von meinem Sohn eines seiner Lucky-Luke-Wundpflaster. Nach einem langen Tag unter der Plastikbandage ging es meinem Handgelenk noch viel schlechter, und als ich ins Hotel zurückkam und sie entfernte, stellte ich fest, dass der ganze Krater gelb leuchtete – wie ein reifer Pickel, bereit zum Ausdrücken. Ich drückte so fest daran herum, wie ich konnte, und zu meinem Entsetzen wand sich ein kleiner gelber Wurm mit schwarzen Haaren aus dem Krater in meiner Haut: Ich gebar einen Alien! Am nächsten Morgen führte ich meinen neuen kleinen Freund im Büro meines Verlegers vor; die Reaktionen schwankten zwischen Verblüffung und Abscheu. Es war auch ein besonders hässlicher kleiner Alien. Im Institut Pasteur war man anfangs recht angetan: Etwas Neues und Exotisches aus dem brasilianischen Regenwald! Leider stellte sich heraus, dass ich nur von einer südamerikanischen Fliege gestochen worden war, die ihre Eier in die Haut ablegt und deren Larven sich vom menschlichen Fleisch ernähren. Am selben Morgen war schon eine Frau da gewesen, die vom gleichen Insekt gestochen worden war, aber ihr kleiner Alien war aus einer Beule auf der Stirn geschlüpft – etwas spektakulärer als bei mir. Irgendwie passend, dass ich von einem so außergewöhnlichen Ort ein so exotisches Souvenir mitbrachte. Ein grellgelber, sich windender Alien konnte sich immerhin messen mit dem spektakulären Anblick von purpurnen Jacaranda-Bäumen, fantastischen verlassenen Stränden, traumhaften Surfwellen und Bergen, eingehüllt in tiefen, grünen Regenwald.

Trotz des kleinen medizinischen Dramas möchte ich sehr gerne wieder nach Picinguaba. Das nächste Mal werde ich länger bleiben und ein paar Spielzeuge mitbringen. Wie ich gesehen habe, sind die Surfbedingungen großartig; ein 7'6"-„Gun" muss also auf jeden Fall mit, dazu ein Stehpaddelbrett (SUP). Viele der besten Strände sind per Straße nicht zu erreichen; ein SUP ist dafür ideal.

Die Pousada Picinguaba liegt auf einer Landzunge mit spektakulärem Ausblick auf die Bucht und die Fischgründe; der wesentliche Reiz ist die hinreißend schöne Landschaft rund um das Hotel. Das Interieur fungiert daher wie eine gute Kunstgalerie: Es ist bequem, elegant und einladend gestaltet, lenkt aber den Blick nicht von der Aussicht ab.

Und was wurde aus Emmanuel, meinem Entführer? Nach sechs Jahren in Picinguaba ist er nun zu einem neuen Abenteuer aufgebrochen. Er hat einen besonderen Ort gefunden, in den Bergen, auf dem Weg nach São Paolo: eine Kaffeeplantage namens Fazenda Catuçaba. Nun können seine Gäste das Erlebnis einer alten Kaffeeplantage in den Bergen mit der unberührten Schönheit eines vergessenen Fleckens an der brasilianischen Küste verbinden.

ÎLE DE RÉ
FRANKREICH
LA BARONNIE

*Die herrlichste Pension in ganz Frankreich,
verborgen in einem aristokratischen
Château am Hafen*

Châteaux gibt es in Frankreich wie Sand am Meer; zu Recht sagt man ihnen nach, dass sie alle sehr reizvoll sind. Wer das Glück hat, als Gast dort übernachten zu können, wird beeindruckt sein. La Baronnie, das bezaubernde ehemalige Domizil einer Adelsfamilie im Herzen eines bildschönen Fischerdorfs an der Atlantikküste, ist jedoch absolut einmalig.

Jedermann sucht das wahre Frankreich, jenes Land, das man aus ländlich-idyllischen Filmen wie „Manons Rache“ (1986) und Büchern wie Peter Mayles „Mein Jahr in der Provence“ (1989) kennt. Dort gibt es schmale Straßen aus Kopfsteinpflaster und charmant verwitterte ockerfarbene Häuser mit hellblauen oder grauen Holzfensterläden, die einen neuen Anstrich vertragen könnten. An jeder Ecke findet man ein Café: der Kellner im weißen Hemd, schwarzer Fliege und schmutziger Schürze stellt den Pastis nicht gerade sanft auf die Glasplatte des Korbtisches und grinst mit Gauloises-gegilbten Zähnen, um Sie wissen zu lassen, dass er alle Gäste so behandelt. Der örtliche Markt quillt über vor Lebensmitteln, die man noch nie gesehen hat. Die Käseabteilung nehmen Einheimische nur ernst, wenn mindestens 60 Sorten zur Auswahl stehen. Hölzerne Fischerboote reihen sich an einem traditionell sichelförmigen Pier, der gesäumt ist von Fischlokalen, die nur in den Monaten ohne „R“ Austern anbieten (weil die Franzosen glauben, man könne sie nur dann essen).

Das reelle Frankreich kommt diesem idealisierten Land selten nahe. Aber einen Ort gibt es, der all das zu bieten hat, neben wunderschönen Stränden, einem Netzwerk von Fahrradwegen durch Dünen und Wiesen und dem fantastischen Klima einer der sonnigsten Gegenden des Landes. Dass niemand je von diesem Ort gehört hat, hat einen simplen Grund: Die Franzosen tun alles, um ihn geheim zu halten. Die Île-de-Ré im Golf von Morbihan an der Atlantikküste ist seit Jahrzehnten das beliebteste Sommerurlaubsziel der Pariser. Touristisch ist die Insel im herkömmlichen Sinne nicht erschlossen: Man findet hier keine Teilzeitapartmentgebäude, großen Hotels und Einkaufszentren. Es gibt nur die wilden Dünen und Strände, Salzsümpfe, die nach wie vor einige der gefragtesten Feinschmeckersalze produzieren, und eine Handvoll Fischerdörfer aus traditionellen kleinen Häuschen. Das ist alles. Sowohl die Einheimischen als auch die Besucher aus Paris sind fest entschlossen, dass es so bleibt. Die meisten ehemaligen Fischerhütten wurden in Sommerhäuser umgebaut, ohne ihre geschützte historische Bausubstanz zu verändern. Wer die Insel besucht, muss sich mit diesen Unterkünften begnügen. Da das Angebot begrenzt und die Nachfrage entsprechend hoch ist, erreichen die Grundstückspreise das Niveau von Paris.

Das reizvollste Dorf der Insel, Saint-Martin-de-Ré, bildet zugleich ihre historische Hauptstadt. Zwischen Fischerhütten und staubigen Plätzen, auf denen die Einheimischen Boule spielen, nahe dem sichelförmigen Hafen mit seinen hölzernen Fischerbooten und dem von Fischrestaurants gesäumten Pier liegt ein gänzlich unerwartetes Juwel – eines der außergewöhnlichsten Häuser, die ich je entdeckt habe. Die Adresse verrät dem Besucher nichts. An einer Kopfsteinpflasterstraße mit Fischerhütten, an einem Platz, an dem man eine weitere Hütte erwarten würde, steht ein zweiflügeliges, geschmiedetes Tor, so breit wie ein Haus, mit einer Glocke an der Seite. Durch das Tor blickt man auf eine schmale gepflasterte Zufahrt, die

zu einem Wäldchen führt. Nichts weist auf das majestätische Château hin, das man am Ende der Zufahrt findet.

Erbaut von einem Adeligen, dem früheren Hauptgrundbesitzer der Insel, umfasst La Baronnie einen ganzen Block im Zentrum des Ortes, diskret versteckt hinter einer Reihe von Hütten an der Straßen- und einer hohen Mauer an der anderen Seite. Der Garten ist riesig, mit vielen Bäumen und einem rückwärtigen Tor, das direkt zum Hafen führt. Ich bin mir sicher, dass es in ganz Frankreich nichts Vergleichbares gibt. Die Einrichtung ist prächtig und grandios, mit holzgetäfelten Zimmern, versteckten Türmchen, Wendeltreppen und steinernen Kaminen – trotzdem ist das Hotel bemerkenswert preisgünstig und unprätentiös. Die Eigentümer von La Baronnie sind nicht auf ein nobles Etablissement nur für Erwachsene im Relais-&-Châteaux-Stil aus. La Baronnie gehört einem sehr außergewöhnlichen Ehepaar: Florence und Pierre Pallardy wohnen dort selbst und stellen ihre zahlreichen Schlafzimmer von April bis Oktober zahlenden Gästen zur Verfügung. Sie mussten jahrelang warten, bis sie dieses außergewöhnliche Anwesen kaufen konnten, und verbrachten viele weitere Jahre mit dessen Renovierung. Ihre aufrichtige Hingabe an dieses Projekt ist sicherlich der Ursprung für die berückende Schönheit von Haus und Garten, aber ohne die beiden wäre es dort nur halb so interessant und lustig. Vor allem Pierre ist eine Persönlichkeit für sich. Er war der private Osteopath des ehemaligen Präsidenten François Mitterand und betreibt heute eine kleine Klinik auf dem Anwesen. Es kursieren viele Geschichten über seine besonderen Fähigkeiten. Gäste, die bleich und hinkend hier ankommen, können darauf hoffen, sonnengebräunt und aufrecht gehend wieder abzureisen. Es gibt nicht viele Immobilien auf der Welt, die in mir echten Besitzerneid wecken. Dieses Haus schon – und nicht nur das Haus, sondern die gesamte Lebensweise. Ich träume davon, eines Tages irgendwo auf der Insel ein ähnliches, hinter Fischerhütten verstecktes Herrenhaus zu finden, aber ich weiß natürlich, dass es einen solchen Ort, an dem man Frankreich von seiner besten Seite erleben kann, nur einmal gibt. Es muss herrlich sein, hier mit Kindern Urlaub zu machen: Die ganze Insel kann mit dem Fahrrad erkundet werden, die Strände sind perfekt und unberührt, obwohl die französische Hauptstadt kaum drei Stunden entfernt liegt. Im Sommer brechen Florence und Pierre gleich nach dem Frühstück mit ihren Söhnen und der Kitesurfing-Ausrüstung an einen der wunderbaren Strände auf. Als Gast sollte man sich ihnen unbedingt anschließen. Für Kinder wartet dort jede Menge Spaß, für die Eltern zudem noch die Fischrestaurants – der perfekte Abschluss eines entspannten Tages.

Nun erwartet man sicherlich das „Aber" – so etwas wie «Alles perfekt, wäre da nicht noch die Fischkonservenfabrik nebenan ...» Es gibt kein „Aber". Dies ist wirklich die wunderbarste Unterkunft auf Erden: ein prächtiges, aber unprätentiöses Château im Herzen eines bezaubernden Fischerdorfs auf einer malerischen Insel.

Solche Bilder kennt man nur aus Büchern über Frankreich – Normalsterbliche haben zu Häusern wie diesem für gewöhnlich nur Zugang, wenn sie ein Vermögen dafür hinlegen. Kein Wunder also, dass die Pariser darauf erpicht sind, La Baronnie so lang wie möglich geheim zu halten.

Charakter, Farbe und skurrile Details sind bei diesem außergewöhnlichen Domizil ebenso prägnant wie seine prächtige Architektur und seine einmalige Lage. La Baronnie wirkt aus jedem Blickwinkel wie ein Ansichtskartenmotiv.

SIZILIEN

ITALIEN

ATELIER SUL MARE

Ein verrücktes Hotel an der Nordwestküste Siziliens, das seinen Besuchern ein ganz neues Verständnis für Kunst schenkt

Das Atelier sul Mare ist wie kein anderer Ort auf unserem Planeten. Ein wunderbar verrücktes Erlebnis, das mit einem normalen Hotel so wenig zu tun hat, wie man sich nur vorstellen kann. Es gibt keine Lobby – das heißt, es gab einmal eine, aber jetzt steht dort ein riesiger Brennofen. Jawohl, ein Brennofen. Und zwar nicht als eine Art Gebrauchskunstwerk, sondern ein voll funktionstüchtiger. Die Gäste sollen ihn benutzen, am besten gleich nach der Ankunft. Das Atelier sul Mare versorgt seine Gäste mit rohen Tontellern (ebenso mit Tassen und Untertassen); man bemalt sie nach eigenem Gusto, schiebt sie in den Ofen, und beim nächsten Mal bekommt man sein Essen auf dem selbst gestalteten „Kunstporzellan" serviert. Aber das Beste kommt noch. Nach dem Essen darf man – und soll man, ermuntert vom Personal – die Teller zerschlagen, und zwar so theatralisch wie möglich. Man kann sie wie Frisbees segeln lassen, über die Schulter werfen, vom Tisch rollen, wie in „Alexis Sorbas" gegeneinanderschlagen; alles ist erlaubt, solange man niemanden dabei verletzt. Wenn die Kreation in Scherben gegangen ist, heißt es: zurück zum Brennofen und alles von vorne.

Doch damit nicht genug. Das Atelier sul Mare ist ein Hotel, aber eines ohne Zimmer. Stattdessen gibt es dreidimensionale Kunstinstallationen ... in denen man schlafen kann. Der kunstbesessene Eigentümer Antonio Presti lud elf Künstler ein, die einstigen Gästezimmer zu Kunstwerken umzugestalten. Die einzige Vorgabe war, dass jede Installation ein Bett, ein Badezimmer und irgendetwas umfassen musste, in dem die Gäste ihre Kleider unterbringen können. Der Bildhauer Paolo Icaro schuf beispielsweise ein vollkommen weißes „Nest"; man schläft in einer kokonartigen, eiförmigen Betonkonstruktion und einer Steppbettdecke, mit dem Muster riesiger Federn darauf. Das Bett ist so groß, dass es den ganzen Raum ausfüllt und die Fenster fast vollständig verdunkelt. Eine andere Installation mit dem Titel „The Sea Denied" ist mit abgenutzten alten Holztüren getäfelt, die jeden Hinweis auf die Lage des Hotels am Meer verdecken. Nur auf einer Wand voller Bildschirme wird ein Video in Endlosschleife abgespielt; es zeigt, wie sich Wellen am Strand brechen. Der chilenische Filmregisseur Raúl Ruiz gestaltete einen Raum als zweistöckiges Stahlrohr. Innen ist es schwarz gestrichen, mit einem runden Bett, das sich am unteren Ende dreht. Man muss hineinkriechen, kann mit einem Griff das Dach öffnen und den Nachthimmel betrachten. So schläft man in einer Art Teleskop mit Blick auf die Sterne. Mein Favorit ist die Suite, die Presti selbst als Hommage an den italienischen Dichter und Filmemacher Pier Paolo Pasolini schuf. Pasolini lebte viele Jahre im Jemen, daher ist der ganze Raum mit rotem Lehm gestaltet, akzentuiert durch einen Sockel mit arabischen Schriftzeichen. Pasolini wurde unter mysteriösen Umständen mit seinem eigenen Auto überfahren. Daher ist das Badezimmer ein gewaltiges, spaghettiähnliches Gewirr von Kupferrohren, die Wasser in alle Richtungen sprühen, wenn man

die Hähne aufdreht. Presti nannte dieses Zimmer „The Car Wash".

Das ist noch lange nicht alles: Jeden Morgen nach dem Frühstück und dem rituellen Tellerzerschlagen sind die Gäste eingeladen, ihre Zimmerschlüssel in eine große Marmorschüssel an der Rezeption zu werfen. Dann darf sich jeder wie aus einer Lotterietrommel einen Schlüssel nehmen und die Installation eines anderen Gastes besichtigen. Das macht einen Riesenspaß und das Hotelpersonal hat mir stolz berichtet, dass dabei noch nie etwas gestohlen wurde.

Es gibt aber noch viel mehr zu entdecken. Beispielsweise findet man dort eine Bar, die früher einmal eine unscheinbare Garage war, bis Presti einheimische Jugendliche einlud, sie mit Graffiti zu besprühen. Das Ergebnis ist verblüffend, und die Jugendlichen hatten ihre Freude. Das ist es, worum es Presti geht. Er ist überzeugt, dass verstiegene Intellektuelle und Investoren die Kunst ruiniert haben. Für ihn ist es bestürzend, dass Menschen so selten mit Kunst konfrontiert werden, und wenn, dann meist in der dumpfen Umgebung eines Museums. Kunst, so glaubt Presti, muss Spaß machen und sollte einen dazu bringen, sich wie ein Kind zu benehmen. Deshalb ließ er am Strand einen riesigen, dreistöckigen Betonwürfel errichten, den Kinder nach Herzenslust erklimmen können. Aus dem gleichen Grund ist auch die schwere Eingangstür der Pasolini-Suite so konstruiert, dass sie zu Boden fällt und man fast zu Tode erschrickt, wenn man die Klingel betätigt.

Doch die bizarrsten Installationen können nicht mit der Theatralik in Prestis Alltagsleben mithalten. «Schauuut mich an», deklamiert er mit gedehnten Vokalen vor seinen Gästen und bewegt seine Arme wie ein Dirigent. «Ich lebe in Sizilien, ich baue eine Riesenskulptur in einem Riesenskulpturenpark und bin der Erste, der so etwas macht. Die Mafia kommt zu mir und sagt: Iiih! Antonio, du baust, aber du zahlst nicht ...» Es folgt eine dramatische Pause, dann fährt er fort: «Darauf sage ich zu dem Capo: Das sind keine Gebäude – das ist Kunst.» Erneute Pause, dann, mit theatralisch niedergeschlagenem Blick und einem Schulterzucken: «Der Capo wird leise wie eine Maus und flüstert: Antonio, deine Kunst ist so groß wie ein Haus, also bezahlst du wie für ein Haus ... va bene?» Immer wenn Antonio das Haus verlässt, um etwas zu besorgen, verabschiedet er sich vom Küchenchef, dem Personal an der Rezeption, den Zimmermädchen und allen Gästen, die ihm über den Weg laufen, in der Überzeugung, dies sei sein letzter Tag. Er umarmt und küsst sie, er weint, sie weinen, und wenn er schließlich ins Auto steigt, zuckt er mit den Schultern und sagt resigniert: «Iiih! Was soll ich tun? Ich lebe in Sizilien und habe nicht bezahlt.» Später, wenn er gesund und munter zurückkehrt, feiern alle. Es ist ein Wunder! Er lebt! Umarmungen, Küsse, Tränen, während er herumläuft, jeden begrüßt und sich zu seinem Glück gratulieren lässt. Er sollte eine eigene Fernsehshow bekommen. Ich würde sie mir anschauen, obwohl ich bei jeder Episode vorher wüsste, wie sie ausgeht.

Um zu verstehen, welche herausragende Rolle die Kunst im Atelier sul Mare spielt, genügt ein Blick auf die spielenden Kinder auf der riesigen Skulptur von Antonio Presti, dem Eigentümer und „verrückten Professor" des Hotels. Bewundernswert, wie Presti in Kunst investiert, um die Menschen zu erfreuen, nicht um damit Geld zu verdienen. Das ist der wahre Wert der Kunst in der Gesellschaft: Sie stimuliert die Fantasie.

LUXOR
ÄGYPTEN

MARSAM HOTEL

Das ehemalige Hauptquartier der italienischen Archäologen in Ägypten, nur einen Steinwurf vom legendären Tal der Könige entfernt

Das Marsam, ein kleines, zwangloses und herrlich bodenständiges Hotel, liegt direkt am Eingang zum Tal der Könige, einer der wichtigsten archäologischen Stätten der Welt. Normale Besucher des Tals müssen notgedrungen den Bus von Luxor aus nehmen und sich wie eine Herde Vieh zu den Sehenswürdigkeiten treiben lassen; Gäste des Marsam hingegen brauchen nur die Straße zu überqueren, um die faszinierenden Grabstätten der altägyptischen Herrscher zu besichtigen.

Das heißt: alle Gräber, außer dem, das man zeitweise für die letzte Ruhestätte der Königin Nofretete hielt und das nur sehr selten auf spezielle Einladung der ägyptischen Regierung zugänglich ist. Ich hatte auf meiner ersten Reise nach Luxor das Glück, bei einem solchen Besuch dabei sein zu dürfen – zusammen mit einer Schar von Honoratioren und Prominenten, den Gästen einer extravaganten Dinnerparty im Tempel von Karnak zum Erscheinen eines neuen Romans des Bestsellerautors Christian Jacq. Am Tag nach dem Dinner segelten wir auf einer traditionellen *Felucca* den Nil hinab zum Tal der Könige. Flankiert wurden wir von Schlauchbooten der ägyptischen Armee in Tarnfarben, besetzt mit bis an die Zähne bewaffneten Sicherheitsleuten mit Maschinengewehren, um die prominente Entourage vor Terroranschlägen zu schützen. Dort sollte uns der damalige Minister für Altertumsgüter, der umstrittene Zahi Hawass, durch die angebliche Grabkammer von Nofretete führen. Es war eine große Ehre, und soweit ich weiß, war ich der Einzige in der Gruppe mit einer Kamera (die Sicherheitsleute hatten meinen Fotokoffer wohl nicht bemerkt). Mein Gehirn lief auf Hochtouren: Wenn es mir gelang, mich von der Gruppe zu trennen, konnte ich im Grab einer der berühmtesten ägyptischen Königinnen Fotos machen, in einer Gruft, die nicht öffentlich zugänglich war und wohl noch nie fotografiert wurde. Am Eingang stand ein großes Verbotsschild: *„Keine Fotos"*. Ich nahm an, dass Blitzgeräte gemeint waren, um die empfindlichen 3000 Jahre alten Wandmalereien vor Licht zu schützen. Ich hatte ein Stativ dabei, konnte also ohne Blitz lange belichten, brauchte aber genug Zeit, um es aufzubauen. Während wir durch die Grabkammer gingen, blieb ich immer weiter zurück, bis ich der Letzte war und keine Aufpasser mehr im Rücken hatte. Wenn die Gruppe zum Ausgang zurückkehrte, wollte ich wieder zu ihr stoßen.

Die nächsten Minuten war ich vollauf damit beschäftigt, meine Kamera in Position zu bringen. Es gab noch keine Digitalkameras, ich konnte die Aufnahmen also nicht überprüfen und musste in fast völliger Dunkelheit arbeiten. Nach einer Weile bemerkte ich, dass nichts mehr zu hören war: keine Stimmen, keine Schritte. Dann fiel der Groschen. Was, wenn sie gar nicht zurückkamen? Was, wenn es, wie bei den meisten der höchst komplex angelegten altägyptischen Königsgräber mehrere Ein- und Ausgänge gab? Ich stellte mir vor, wie die Gruppe wieder ans Tageslicht trat, sich dem imposanten Militärkonvoi der Regierung anschloss und erst im Hotel bemerkte, dass jemand fehlte – wenn überhaupt. Überzeugt, dass ich von der Gruppe abgehängt worden war, ging ich den Gang entlang, den sie zuletzt genommen hatte, dann stieg ich eine steile Treppe hinauf, lief einen weiteren Gang entlang, noch eine gewundene Treppe ... Ich hatte mich verirrt – im Grab der Nofretete! Die Exklusivität meiner Lage dämpfte meine unheilvollen Ahnungen nicht. Ich wusste nicht viel über altägyptische Grabkammern, aber immerhin so viel: Sie sind bestückt mit Fallen, um Grabräubern das Handwerk zu legen ... und vorwitzigen Fotografen. Ich beschloss, weiter nach unten zu gehen. Die absolute Stille war nicht verheißungsvoll, aber was blieb mir übrig? Die Gänge wurden enger, ich spürte erste Anflüge von Platzangst. In Gedanken sah ich schon die nächste Promireisegruppe Jahre später über ein Skelett und eine Kameratasche stolpern. Zum Glück war ich nicht zum ersten Mal in einer solchen Lage. Mein Vater war Geologe. Zu seinen Aufgaben zählte, den Zustand aufgelassener Minen zu prüfen. Manchmal durfte ich ihn bei seinen Inspektionen begleiten. Einmal, in einer von Tausenden Fledermäusen bewohnten Zinnmine in den mexikanischen Bergen, war auf unserem Weg nach unten eine Hauptleiter zusammengebrochen. So mussten wir einen anderen Weg nach draußen suchen. Nun hielt ich mich an das, was ich damals gelernt hatte: vorwärts gehen, versuchen, nicht den eigenen Spuren zu folgen. Schließlich stieß ich auf eine größere Kammer mit beeindruckend hoher Decke. Dort, in einer entfernten Ecke, stand meine Gruppe, immer noch aufmerksam dem Archäologen lauschend. Niemand hatte bemerkt, dass ich fehlte.

Mein nächster Besuch im Tal der Könige war bei Weitem nicht so abenteuerlich und wesentlich entspannter. Die libanesische Besitzerin meiner Unterkunft – des exotisch schönen Hotels La Moudira außerhalb Luxors – erzählte mir vom Hotel Marsam. «Schau es dir an», sagte sie, «ich glaube, es wird dir gefallen.» Mit einer gewissen Beklommenheit kehrte ich in die Gegend zurück, von der ich vor nicht allzu langer Zeit befürchtet hatte, sie nie mehr zu verlassen. Aber sie hatte recht: Das Marsam ist ein Juwel. Bis vor einiger Zeit diente es als Hauptquartier und Sitz der ägyptologischen Gesandtschaft der italienischen Regierung. Das merkt man: Nur Italiener schaffen es, einen Lehmziegelklotz in ein elegantes Domizil zu verwandeln. Das Gebäude ist schlicht, authentisch und auf zwanglose Weise stilvoll. Die Wände sind mit Lehmputz in einem regelmäßigen Muster gestaltet, ein Klecks mediterranes Blau an den Türen verleiht ihnen Schwung. Die Böden, vor allem in den Gästezimmern, sind mit großen weißen Keramikkacheln gefliest. Das schlichte Mobiliar wurde aus typischen Materialien der Region hergestellt, etwa Palmwedeln und lokalen Hölzern. Deckenventilatoren sorgen für frische Luft, und der attraktive Innenhof ist von Palmen, Oliven- und Nussbäumen beschattet. Das Marsam ist ein Ort, wie wir alle ihn uns erträumen: voller Charakter und Stil, in einer der außergewöhnlichsten Regionen der Erde. Das Beste an diesem herrlichen Haus ist aber, dass es direkt ins Tal der Könige führt. Da kann das glamouröseste Fünf-Sterne-Hotel in Luxor nicht mithalten.

Näher kann man dem Tal der Könige nicht kommen: Das Marsam liegt einer der berühmtesten Ausgrabungsstätten der Welt direkt gegenüber. Keine Busfahrt, nicht einmal ein langer Fußmarsch sind nötig, um den legendären Fundort des Grabes von Tutanchamun und des Totentempels der Hatschepsut zu besichtigen – damit können die extravagantesten Hotels im nahe gelegenen Luxor nicht konkurrieren.

Authentizität und Schlichtheit, ebenso überzeugend wie angemessen umgesetzt – dafür steht dieses kleine, charmante Hotel. Es überrascht daher nicht, dass das kaum bekannte Juwel früher der italienischen Regierung als archäologisches Hauptquartier im Tal der Könige diente.

RAJASTHAN
INDIEN

SAMODE BAGH

Camping der ganz anderen Art:
zwischen Marmorpavillons und der Pracht des Mogulreichs im Lustgarten eines Maharadschas

In den 250 Jahre alten, im Stil des Mogulreichs gehaltenen Gärten von Samode Bagh, die einst in einer entlegenen Ecke von Rajasthan angelegt wurden, kann man zelten wie ein richtiger Prinz. Ein stilvolles Abenteuer, bei dem man einen Teil von Rajasthans Kultur und Geschichte kennenlernt, der oft übersehen wird.

Die indischen Großmoguln, etwa der berühmte Shah Jahan, der das Taj Mahal errichten ließ, waren alle leidenschaftliche Jäger. Auf ihren Tigerjagden, die manchmal sechs Monate dauerten, nächtigten sie in Zelten. Das Zelt von Shah Jahan war eher ein mobiler, unglaublich opulenter Palast, in dem seine Minister, Diener, Krieger und Lieblingsfrauen Platz fanden: Das Privatgemach des Herrschers hatte Wände aus rotem Samt, bestickt mit Zwirn aus 18-karätigem Gold. Die Stoffbahnen, die die Kammern voneinander trennten, waren wie hohe Bogengewölbe gestaltet, und es gab sogar Räume für Regierungsgeschäfte (Wir wissen dies, weil das Zelt kürzlich unversehrt im Keller der Festung Mehrangarh in Jodhpur gefunden wurde.). Eine andere große Leidenschaft der Moguln war das Gestalten von Gärten. Das arabische Wort für „Garten“ bedeutet auch „Paradies“, und die muslimischen Moguln folgten dieser Interpretation sehr genau. Jahrhundertelang legten die Königsfamilien von Rajasthan ausgefeilte Gärten an – mit mächtigen Bäumen, aufwendigen Marmorbrunnen und Wasserspielen – in denen sie der Hitze entfliehen konnten und Feierlichkeiten wie Hochzeiten und Kostümfeste abhielten. Der exquisite Samode-Garten (*Bagh*), angelegt vor mehr als 250 Jahren von Rawal Sheo Singh Ji, ist ein sehr gut erhaltenes Beispiel dafür. Man findet dort weiße Marmorbögen, Pavillons, Baumskulpturen, makellos grüne Rasenflächen und miteinander verbundene, von natürlichen Quellen gespeiste Springbrunnen. Außerdem gibt es dort ein Schwimmbecken, versteckt hinter einem *Jali* – einem traditionellen Steingitter, ein Hauptelement der indischen Architektur –, das wie ein Porzellanteller gestaltet wurde. Mit Sicherheit ist es einer der schönsten Pools in ganz Indien.

In Samode Bagh ist es gelungen, zwei wichtige Komponenten der Mogulkultur zu einem außerordentlichen Erlebnis zu vereinen. Man schläft in prachtvollen Zelten aus Stoffbahnen, die den Wandmalereien des Palasts von Samode nachempfunden sind, ausgestattet mit Möbeln im britischen Raj-Kolonialstil und dem unerwarteten Luxus eines Marmorbadezimmers (Schließlich sprechen wir hier von einem Zelt!). Morgens erwacht man in einem Garten, der ursprünglich als Nachahmung des Paradieses gedacht war. Entdeckt habe ich diesen außergewöhnlichen Ort mithilfe meiner üblichen Methode: pures Glück und findige Freunde. Ich war im Auftrag von HIP-Hotels unterwegs, um Samode Haveli zu fotografieren, das Schwesterhotel von Samode Bagh in Jaipur. Ein Mitglied der ehemaligen Königsfamilie von Samode lud mich dort zum Essen ein. Er kannte mein Buch über Indien und wollte erfahren, was ich Neues plante. Ich hatte das Gefühl, dass er mich in eine ganz bestimmte Richtung drängte, und erklärte ihm, mein Terminplan sei absolut voll, was auch stimmte.

Ich gab ihm aber zu verstehen, dass ich den Samode-Palast liebend gern bei meinem nächsten Besuch in Rajasthan besuchen und fotografieren wolle.

«Oh ja», sagte er mit einem geschliffenen englischen Akzent, der seine Ausbildung an britischen Privatschulen verriet. «Ja, es wäre schön, wenn Sie den Palast besuchen, aber es ist wirklich schade, dass Sie den Bagh nicht sehen können.» Dann erzählte er mir alles über den Garten, den sein Ururgroßvater fast vier Jahrhunderte zuvor erbaut hatte. Er sei genau die Art von absolut unverfälschtem, authentischem Juwel, für das ich offenbar eine Vorliebe hätte. Ich hatte angebissen. Diesen Garten musste ich sehen. Dass es nach Samode vier Stunden mit dem Auto waren und ich um halb drei Uhr früh losfahren musste, um bei Tagesanbruch dort zu sein, spielte keine Rolle. Der Bagh rief nach mir.

Es war stockfinster und kalt, als ich um zwei Uhr nachts geweckt wurde. Das Auto wartete schon, um Punkt halb drei stieg ich in den kleinen grauweißen Ambassador meines Gastgebers. Auf dem Rücksitz saß bereits ein enorm groß gewachsener Herr mit langem Bart und perfekt gewickeltem Turban. Er sollte mein Führer sein, und er nahm seine Aufgabe sehr ernst. Von der Abfahrt in Jaipur bis zu unserem Eintreffen in Samode Bagh stand sein Mund nicht still. Ich hätte lieber geschlafen, aber so erfuhr ich einiges über unser Ziel und die Familie, der der größte Teil davon einst gehörte. Samode ist ein so abgelegener Teil Rajasthans, dass dort eine Lebensweise erhalten blieb, die im übrigen Indien langsam verschwindet. Hier tragen die Männer noch Turbane, die Frauen bunte Saris, deren Farben im Kontrast zu der staubigen, trockenen Landschaft um so mehr leuchten. Üppig geschmückte Kamele sind ein ganz normaler Anblick und wirken in der flirrenden Mittagshitze, umgeben von all den schillernden Farben, wie eine fantastische Szene aus einem Film.

Als wir ankamen, flirrte jedoch absolut nichts. Es war *eisig*. Man vergisst gerne, dass in Rajasthan Wüstenklima herrscht. Tagsüber ist es heiß und trocken, nachts dagegen bitterkalt. Wegen des Temperaturunterschieds hing ein blasser Nebel über dem Garten; dadurch sah er noch spektakulärer aus, als ich ihn mir vorgestellt hatte. Die Familie hatte nicht übertrieben. Die Gärten waren wunderschön und authentisch, und dass man in ihnen zelten konnte, war wirklich etwas Besonderes.

In den vergangenen 30 Jahren war ich mindestens 20-mal in Indien. Es ist ein Land, das mich immer wieder begeistert. Ein Platz, an dem man sich von der Reizüberflutung ausruhen kann, ist dort jedoch wichtig. Der Subkontinent ist so laut, überlaufen, staubig, heiß, bunt, monumental, dramatisch und fantastisch, dass er jeden überwältigt und erschöpft. Als Besucher braucht man einen Ort, dessen Tür man vor der kulturellen Kakofonie schließen kann. Eine originellere Zuflucht als den Bagh habe ich auf all meinen Reisen nie gefunden. Ein riesiges Zelt im Lustgarten eines Moguls ist mehr als eine Ruheoase und ein unvergessliches Reiseerlebnis – die einzigartige Gelegenheit, in das Erbe von Rajasthan einzutauchen.

160 CM

Es gibt Zelte – und es gibt Mogulzelte. Eigens für die indischen Herrscher erbaut, boten sie prächtige Gemächer und jeden nur denkbaren Luxus. Die Zelte in den herrlichen Gärten von Samode Bagh knüpfen an diese Tradition an. Man kann dort campen wie ein richtiger Großmogul – mit jeder Menge Platz, handbemalten Stoffwänden und dem unerwarteten Komfort marmorner Badezimmer.

Die schönste Überraschung in Samode Bagh ist der Swimmingpool. Er ist wahrhaft eines Herrschers würdig und einer der prächtigsten, die ich je gesehen habe. Schon die Räume auf dem Weg dorthin wirken dramatisch und schüren die Erwartung – die Großmoguln wussten wirklich, wie man glanzvoll ein Bad nimmt.

LIPARISCHE INSELN
ITALIEN

HOTEL SIGNUM

Auf der prächtigsten Insel des Liparischen Archipels erwacht „Der Postmann“ zum Leben

Das Hotel Signum ist ein herrlicher Mittelmeertraum, eingehüllt in den Duft von Zitronenbäumen: eine einmalige Mischung aus weiß getünchter Schlichtheit, Authentizität und Luxus in einer Terrassenlandschaft mit Blick auf das Tyrrhenische Meer und die schimmernden Inseln Lipari und Stromboli. Signum liegt auf halber Höhe der vulkanischen Berghänge von Salina, der schönsten der Liparischen Inseln. Es ist ein Ort, von dem jeder träumt, ein Paradies, wie man es nur aus Filmen kennt.

Hier spielt der Film „Der Postmann" (1994), der von ebenso welker Schönheit ist wie die Insel selbst. Er erzählt die Geschichte von Mario, dem Sohn eines Fischers, der nicht in die Fußstapfen seines Vaters treten will, sondern lieber Postbote wird. Wenn er mit dem Fahrrad seine Runde auf der Insel dreht, hat er praktisch nur einen Kunden: den berühmten exilchilenischen Dichter Pablo Neruda, der sich mit Mario anfreundet und ihm die Macht des geschriebenen Wortes eröffnet. Mario ist in Beatrice verliebt, das schönste Mädchen auf der Insel, weiß aber nicht, wie er sich ihr nähern soll. Pablo, anfangs widerwillig, hilft ihm, sie mit Poesie zu umgarnen. Das funktioniert so gut, dass Mario und Beatrice schließlich heiraten. Auf der Hochzeitsfeier erhält der Dichter die frohe Botschaft, dass er in sein Heimatland Chile zurückkehren darf. Mario schreibt ihm regelmäßig, erhält jedoch keine Antwort und beschließt daher, sämtliche Geräusche der Insel aufzunehmen, selbst den Herzschlag seines Sohnes im Mutterleib, und sie ihm zu schicken. Jahre später kehrt Neruda auf die Insel zurück. Dort lernt er Pablito kennen, der seinen Namen trägt, und erfährt vom Schicksal seines Freundes Mario, der kurz vor der Geburt seines Sohns bei einem Handgemenge mit der Polizei auf einer Demonstration der Kommunisten ums Leben kam. Der Film erntete viele Auszeichnungen, unter anderem einen Oscar.

Das Signum, ein hinreißend zauberhaftes kleines Hotel, hat mehr als nur die Insel Salina mit dem Film gemein. Die gesamte Besetzung, auch Massimo Troisi, der die Figur des Mario spielte, wohnte während der Dreharbeiten hier. Als ich zum ersten Mal im Signum wohnte, erzählte mir die Hotelwirtin den ganzen Morgen lang Geschichten vom Dreh des Films, während wir in dem weinumrankten Innenhof saßen, in dem das Frühstück serviert wird. Als großer Bewunderer des Films war ich von ihren Erzählungen so gefesselt, dass ich erst spät am Vormittag zum Fotografieren kam und wie ein Wahnsinniger knipsen musste, um das Versäumte nachzuholen. Ich war so vertieft in meine Arbeit, dass ich ihr angespanntes Gesicht nicht bemerkte, als sie mir ein Glas Limonade brachte (frisch zubereitet aus Zitronen vom eigenen Grundstück). «Wir wussten nicht, wo du bist», sagte sie. «Es kam ein Anruf für dich, jemand vom Personal hat die Nachricht entgegengenommen. Ich fürchte», fuhr sie am Boden zerstört fort, «deine Schwester ist gestorben!» Die Neuigkeit traf mich wie ein Schlag. Wir waren die einzigen Geschwister und als Kinder so viel gereist, dass wir wie beste Freunde aufwuchsen. Da ich auch heute so viel reise, bestand wohl immer ein Risiko, dass ich am anderen Ende der Welt sein würde, wenn so etwas passierte. Aber ich hatte nicht erwartet, dass ich so weit weg von Australien sein könnte und dass es so früh passieren würde. Sie war erst dreiundvierzig. Der Rest meines Aufenthalts im Signum verschwimmt in meiner Erinnerung. Ich konnte an nichts anderes denken als daran, wie ich rechtzeitig zur Beerdigung nach Australien käme. Viele Möglichkeiten gab es nicht. Um diese Jahreszeit fuhr nur ein Schiff die Inseln ab und dann die Nacht hindurch, um morgens in Neapel anzulegen (anschließend würde ich nach London fliegen, dann nach Singapur und schließlich nach Adelaide – eine Reise von drei Tagen). Den Passagieren auf dem Schiff muss ich wohl etwas seltsam vorgekommen sein – ein Mann in tiefer Trauer inmitten fröhlicher Reisender auf einem der schönsten Gewässer der Welt.

Mir fiel auf, wie all das dem Film auf merkwürdige Weise ähnelte. Der Briefträger Mario stirbt, bevor sein Sohn geboren wird; sein Darsteller starb an Krebs, ohne dass er das Werk auf der Leinwand gesehen hatte, und meine Schwester starb, bevor ich ihr durch ein Buch oder auch nur am Telefon von diesem Ort berichten konnte. Aber wie den Dichter im Film zieht es auch mich nach Salina zurück. Vielleicht ist es die Sehnsucht nach einem Abschluss der Geschichte, vielleicht hat die Insel eine tiefe natürliche Affinität zur Poesie der Verzweiflung, zur anderen Seite des Lebens, die den Charakter bildet, während sie einem gleichzeitig das Herz bricht. Mit traurigen Erinnerungen zu reisen ist besser, als gar nicht zu reisen.

In Gedanken plane ich schon lange meine Rückkehr. Ich möchte Malvasia delle Lipari probieren, den goldfarbenen Dessertwein, der nur auf Salina produziert wird. Ich will mit dem Fahrrad die grüne Insel umrunden und hoffe, es gibt die Pfade noch, auf denen einst der Postbote fuhr. Ich will den Kiesstrand entlangspazieren, wo sich Beatrice und Mario verliebten, die Wallfahrtskirche Madonna del Terzito zwischen Salinas vulkanischen Zwillingsgipfeln und die Chiesa dell'Immacolata im nahen Malfa besuchen, wo die beiden heirateten. Kurz gesagt, ich möchte nachleben, was Mario im Film erlebt, und die Geräusche der Insel aufnehmen: das Kreischen der Möwen, die Wellen am Strand, die Rufe der Fischer. Ich weiß nicht wieso. Man könnte es eine romantische Obsession nennen.

Ich möchte wieder im Signum wohnen. Seit meinem letzten, tragischen Besuch hat man auf einer der Terrassen mit Meerblick einen Pool eröffnet. Außerdem gehört zum Hotel ein hochgelobtes Restaurant, das sich auf lokale liparische Gerichte spezialisiert hat, wie Büffelmozzarella mit Tomaten, Wildkräutern und einem praktisch säurefreien Olivenöl, das nur auf dieser Insel hergestellt wird. Es gibt auch einen ganz neuen Wellnessbereich, inspiriert von den antiken griechischen Bädern auf der Nachbarinsel Lipari, mit geothermalen Quellen. Für mich sind all diese Verbesserungen jedoch nicht das Wesentliche. Der wahre Reiz des Hotels Signum ist seine verschlafene, idyllische, unkomplizierte Schönheit – wie der Film, wie der Briefträger Mario, wie die ganze Insel Salina.

An einem steilen grünen Berghang gelegen und oft von Nebeln verschleiert, ist das Hotel Signum ein Sinnbild eines perfekten mediterranen Refugiums. Weiß getünchte Terrassen, Zitronenbäume, eine spektakuläre Aussicht auf das Tyrrhenische Meer bis hin zum Stromboli – kein Wunder, dass Darsteller und Team des ergreifend schönen Films „Der Postmann“ während der Dreharbeiten dort wohnten.

STELLENBOSCH
SÜDAFRIKA

WEINGUT MARIANNE

Die prachtvolle, hinreißende Obsession
eines französischen Winzers

Das Weingut Marianne ist eine wirklich außergewöhnliche, wunderschöne Winzerei im malerischen Stellenbosch-Weinbaugebiet in Südafrika, umgeben von den felsigen Gipfeln der Drakenstein- und Jonkershoekberge – eine der faszinierendsten Weinregionen der Welt. Was die geografische Lage angeht, hat Stellenbosch das große Los gezogen: auf relativ kleinem Raum findet man hier eine große Vielfalt an natürlicher Schönheit. Berge, Strände, Wale, Pinguine, urbaner Trubel: All das kann man an einem Tag erleben. Kapstadt mit seinen großartigen Stränden und Restaurants ist kaum eine Autostunde entfernt. Die Surfgebiete der Garden Route und die berühmte Küstenstraße nach Hermanus – wo sich die Pottwale zur Paarung treffen und die Königspinguine am Strand herumwatscheln – liegen noch näher.

Wein wird in Stellenbosch seit Ende des 17. Jahrhunderts angebaut, als die Vereenigde Oostindische Compagnie den Hugenotten, die wegen religiöser Verfolgung aus Frankreich geflohen waren, eine neue Existenz anbot: Jeder Hugenotte, der an die Südspitze Südafrikas emigrieren wollte, bekam Land und die nötige Infrastruktur zur Verfügung gestellt – Werkzeuge, Holz, Saatgut, Haustiere usw. –, um Wein zu produzieren; im Gegenzug musste er der holländischen Handelsflotte eine bestimmte Anzahl Kisten oder Fässer Wein liefern, als sichere Alternative zum schlechten Trinkwasser an Bord ihrer Schiffe. Das Projekt war erfolgreich, und so wurden viele Regionen in der Nähe von Kapstadt, besonders Constantia, Stellenbosch und Franschhoek, zu großartigen Weinbaugebieten. In Stellenbosch ist die Geschichte von mehr als drei Jahrhunderten Weinbau deutlich zu spüren. Kein Wunder, dass die Gegend Weinliebhaber magisch anzieht – aber niemand hat mehr Enthusiasmus als Christian Dauriac, der französische Besitzer des Guts Marianne. Er gibt allerdings freimütig zu, dass er nicht vom Wein lebt, sondern von Blut. Dr. Dauriac ist Eigentümer und Betreiber der größten Blutuntersuchungslabors in Frankreich. Von seinen Profiten kauft er sich keine Jachten oder Jets, sondern Weingüter. Er besitzt zwei weitere Winzereien in Frankreich, Château Destieux und Château Montlisse in Saint-Émilion und Château la Clémence in Pomerol. Ein Weingut in der Stellenbosch-Region zu kaufen, stand ganz oben auf seiner Liste. Alle paar Monate flog er dorthin und besichtigte einige potenzielle Objekte. Nach vielen Jahren der Suche beschloss er, jene Winzerei zu erwerben, die heute den Namen „Marianne" trägt.

Die Bezeichnung ist etwas ungewöhnlich. Ich dachte zunächst, dass Dr. Dauriac sein Weingut nach seiner Tochter oder Frau benannt hatte, aber es stellte sich heraus, dass der Name einen patriotischen Hintergrund hatte. Marie-Anne war der beliebteste Name für Mädchen zur Zeit der französischen Revolution, und seither ist „Marianne" die Nationalfigur der Republik. Sie wird stets in wallender roter Robe dargestellt, jugendlich und stark, mit phrygischer Mütze, wie sie die Jakobiner zu Revolutionszeiten trugen. Dauriac wollte sein Weingut von all den typischen Afrikaans-Marken wie Meerlust,

Vergelegen und Kanonkop absetzen. Daneben ist Marianne auch ein Tribut an die Hugenotten, die auf der Suche nach Freiheit nach Stellenbosch kamen.

Nicht nur der Name ist ungewöhnlich. Marianne ist kein Hotel in einem Weinberg oder ein Hotel mit einer kleinen Winzerei, sondern ein seriöser Weinproduzent, der hervorragende Weine herstellt. Dort ist man als Gast immer willkommen, solange man nicht im Weg steht. Ich mag es, dass Gastfreundschaft nicht die treibende Kraft hinter Marianne ist. Das macht das Gut gegen gefällige Reiseführerkritiken immun und gibt ihm echten Charakter und Attitüde. «Wir haben Sie nicht gebeten, hier zu logieren», könnte fast sein Motto sein, und diese dreiste Respektlosigkeit gefällt mir. Das heißt aber nicht, dass man nicht gut für die Gäste sorgt. Es gibt zwei Swimmingpools, einen mit spektakulärem Blick auf die Landschaft ringsum, der andere liegt hinter den Hauptkellern der Winzerei. Die Besucher wohnen in sehr geräumigen, abgeschlossenen Appartements, mindestens viermal so groß wie gängige Hotelzimmer. Man kann sogar die Villa im kapholländischen Stil mit drei Schlafzimmern mieten, das Juwel des Anwesens.

Auch wer sich nicht für die Winzerei interessiert, kommt hier nicht daran vorbei. Zum Frühstück muss man zu einem Wäldchen an einem kleinen See am anderen Ende des hügeligen Geländes durch die Reihen von Rebstöcken hindurchspazieren, die in Reih und Glied in der roten Erde an zierliche Holzgerüste gepflanzt sind. Hier liegt das Restaurant, absichtlich so weit wie möglich von den

Hauptgebäuden entfernt, um die Gäste zu ermuntern (oder zu zwingen), die derbe, aber berauschende Schönheit der Weinberge zu erleben.

Aus dem gleichen Grund liegen die Gästeappartements genau oberhalb der Anlage, in der die saftigen Trauben oder vielmehr Weinbeeren, wie sie der Winzer korrekt nennt, sortiert und gekeltert werden – einer funkelnden Ansammlung von Edelstahlbottichen, jeder so groß wie ein kleines Haus. Wer sich nicht die Augen verbindet und die Ohren verstopft, kann nicht vermeiden, mit der Weinherstellung konfrontiert zu werden.

Dieser Prozess ist Dr. Dauriacs Leben, nicht nur ein Hobby, sondern fast schon eine Religion. Als Beispiel seien nur die Holzfässer genannt, in denen der Wein reift: Auf dem Gut Marianne lagern in aufwendig konstruierten Katakomben Hunderte von Fässern voller Wein. Dr. Dauriac bestand darauf, dass ich sie fotografiere, während er von den Fässern erzählte, als wären sie seine Kinder. «Ich lasse sie in Frankreich bei den besten Fassbindern herstellen. Selbstverständlich sind sie aus Eiche, aber nicht aus gewöhnlicher, sondern aus französischer Eiche, dem besten Fassholz. Woher ich das weiß? Weil ich die Bäume persönlich aussuche. Wie das geht? Indem ich selbst den Wald auswähle.» Solche Leidenschaft und Hingabe muss man einfach bewundern – vor allem wenn man weiß, dass Dr. Dauriac nur eine oder zwei Wochen pro Jahr auf Marianne verbringen kann, weil er neben seinen Blutuntersuchungslabors noch weitere Weingüter in Frankreich betreibt. Sein unbändiger Enthusiasmus

für die Produktion fabelhafter Weine ist ansteckend, und das macht Marianne so besonders. Weinverkostungen und Zwangsmärsche durch Weinberge lassen mich normalerweise kalt. Hier jedoch wird man in Ruhe gelassen, weil die Betreiber voll und ganz mit dem Prozess der Weinherstellung ausgelastet sind. Da packt jeden irgendwann die Neugier, man fängt an herumzustöbern und erkundet die Anlage nach und nach auf eigene Faust.

Dr. Dauriac mag ein „leidenschaftlicher Prediger" sein, aber das kommt seiner Gemeinde nur zugute – nämlich seinen Gästen, also Ihnen. Entdecken Sie die Schönheit der Natur in der Stellenbosch-Region, das fantastische Klima, die technischen Anlagen, mit deren Hilfe Dr. Dauriac seine hemmungslose Leidenschaft für Wein auslebt, und ob Sie wollen oder nicht: Sie werden dabei etwas lernen.

Die kapholländische Architektur der Gästeappartements und des Poolpavillons auf dem Weingut Marianne ist sehr markant: eine zeitlose Mischung aus gekalkten Wänden und Strohdächern vor dem strahlend blauen afrikanischen Himmel. Nach dem Aufwachen geht man bei Sonnenaufgang im Pool schwimmen und spaziert dann durch die Weinberge zum Frühstücken. Einen schöneren Ort kann man sich kaum vorstellen.

KO KUT
THAILAND

CAPTAIN HOOK

Dschungel, Mangroven, leere Strände und schwimmende Thairestaurants auf einem kaum beachteten Inseljuwel

Ko Kut ist Thailands bestgehütetes Geheimnis. Chiang Mai, Chiang Rai, Phuket, Ko Samui und Hua Hin kennt jeder, aber wer hat je von Ko Kut gehört? Und wer weiß, wo es liegt? Das ist das Schöne an diesem unentdeckten Juwel knapp unterhalb der kambodschanischen Küste in einer unberührten, abgelegenen Ecke des Golfs von Siam. Die Insel, fast so groß wie Phuket, ist dünn besiedelt und touristisch relativ wenig erschlossen, aber das Wasser ist klarer, die Strände weißer, der Dschungel wilder und grüner als nirgendwo sonst in Südostasien. Die Insel ist so exotisch wie Thailand war, bevor Billigflüge aus Moskau, Hongkong, London, Singapur und aus anderen Städten viele Resorts in asiatische Costa Bravas verwandelt haben.

Ich entdeckte Ko Kut auf die beste denkbare Art: durch einen Arbeitsauftrag. Soneva Kiri, das neueste, aufwendigste und ungewöhnlichste Refugium der Soneva-Kette (die anderen beiden sind auf den Malediven) hatte mich gebeten, die Anlage zu fotografieren. Sie liegt an der Westspitze von Ko Kut. Um den Gästen die lange Anreise von Bangkok, davon mindestens vier Stunden mit der Fähre, zu ersparen, gibt es einen eigenen Flugplatz. Mit einem kleinen Team nahm ich den Privatflieger von Soneva Kiri (eine zuverlässige Cessna Caravan, eingerichtet wie ein Luxusjet); die Landebahn liegt auf einer winzigen Insel direkt vor dem Resort. Von dort aus brachte uns ein funkelndes Mahagoni-Schnellboot im Riva-Stil zum beeindruckenden Landungssteg von Soneva Kiri. Die Mixtur aus Luxus und exotischer Abgeschiedenheit war berauschend – ich wusste, dies wird ein faszinierendes Fotoshooting.

Aber das Resort war noch im Bau. 3000 burmesische Arbeiter schufteten rund um die Uhr. Einige spektakuläre Strandvillen waren bereits fertiggestellt, der Rest leider nicht, zum Beispiel alle vier geplanten Restaurants. So speiste ich am ersten Abend mit der Crew und unserem grazilen, aber schlecht gelaunten brasilianischen Model in der Personalkantine. Eine Erfahrung, die ich nicht unbedingt noch einmal machen möchte. Um mir trotzdem einen Eindruck von der Insel zu verschaffen, wollte ich das halbfertige Resort verlassen und ein bisschen herumstreifen. Also organisierte ich am nächsten Abend die einzige Fahrmöglichkeit der Insel: die Ladefläche eines Pritschenwagens. Außerhalb von Soneva Kiri ist Ko Kut nach wie vor sehr unberührt. Die einzige Straße ist eine halb gepflasterte Piste, geeignet nur für Geländewagen; ansonsten gibt es keine Fahrwege, also auch keine Straßenbeleuchtung und, in Thailand unüblich, keine Bars, Hotels und Läden (zumindest fanden wir keine, während wir im Dunkeln durch die Gegend rumpelten). Der Kleinlaster setzte uns an einer Holzhütte am Ufer eines schlammigen Flusses ab, und bei aller Entdeckerfreude: Das Essen dort war mies und die Atmosphäre ziemlich trist. Aber ich gab nicht so schnell auf, und so stieg ich am nächsten Abend wieder auf den Laster und gab dem Fahrer diesmal genauere Anweisungen. Wir suchten *kein* Touristenlokal, sondern ein Restaurant, in dem die Einheimischen essen. Mit anderen Worten: gutes

Essen. Diesmal endete die Rüttelfahrt durch die Dunkelheit mitten im Nichts. Kein Licht, scheinbar keine Gebäude, nur ein wackliger hölzerner Steg ragte aus einem schlammigen, vom Dschungel umschlossenen Mangrovensumpf. Am Ende des Stegs lag ein kleines Holzboot mit winzigem Außenbordmotor und einem sehr jungen Mann am Steuer. Wir fuhren hinaus in die rabenschwarze Nacht, einen Fluss entlang, der sich langsam durch den unheimlichen Dschungel schlängelte. Als ich etwas von Krokodilen erwähnte, lachte der Bootsjunge nervös. Er hätte sagen können: «Es gibt hier keine Krokodile», aber im Boot herrschte Totenstille. Schließlich wurde der Fluss breiter, hier und da konnten wir die Umrisse einer Pfahlhütte ausmachen. Man stelle sich die Flusssequenz aus „Apocalypse Now" vor, verschmolzen mit der Szenerie von „Beim Sterben ist jeder der Erste". Dann tauchten die ersten Palmen aus dem Dunkel auf, der Fluss machte eine letzte Linksbiegung, und uns bot sich ein gänzlich unerwarteter Anblick. Auf der einen Seite der breiten, sandigen Mole, wo der Fluss ins Meer mündete, lag ein gewaltiger sichelförmiger, palmengesäumter Strand. Auf der anderen Seite stand eine festlich geschmückte Holzplattform, auf Pylonen im Wasser errichtet, mit Dutzenden zum Abendessen gedeckten Tischen und mit zahllosen Laternen dekoriert. Wir gingen bei der Plattform an Land und setzten uns an einen Tisch mit Blick auf den idyllischen Strand, im sanften Licht der vom Wasser reflektierten Laternen. Besseres Thai-Essen habe ich bis heute nirgendwo bekommen. Es war eines jener Lokale ohne Speisekarte, in denen man isst, was an dem jeweiligen Abend angeboten wird, und von dem man selbst seinen besten Freunden nichts erzählen würde. Wenn die Küchenchefin ein Restaurant in London hätte, wäre sie längst reich. Die Einzige, die nichts von dem wunderbaren Essen probierte, war unser brasilianisches Model. Sie hatte immer eine Tupperdose mit gekochtem Hühnchen und Salat dabei. Kein Wunder, dass sie so mürrisch war.

Der magische Ort am Ende des Flusses hieß Captain Hook (wie sonst?), und er hatte uns von Anfang an am Haken. Den Rest unseres Aufenthalts waren wir jeden Abend dort. Erst bei einem Ausflug tagsüber wurde mir klar, dass wir von Soneva Kiri mit dem Boot dorthin hätten fahren können, statt in einem Kleinlaster durchgeschüttelt zu werden, und dass das wunderbare Restaurant mitten im Nichts auch ein Hotel war. Neben der festlich geschmückten Schwimmplattform bietet Captain Hook solch unerwarteten Luxus wie beispielsweise Spa-Pavillons unter freiem Himmel am Fluss und strohgedeckte Gästebungalows mit Meerblick. Was für eine verrückte Idee, eine solche Anlage mitten im Nirgendwo auf einer Insel zu erbauen, von der noch niemand gehört hat. Captain Hook ist ein wirklich hinreißender Ort, der fast nichts kostet. Als Steuerflüchtling, berüchtigter Despot oder einfach jemand, der von der alltäglichen Tretmühle die Nase voll hat, könnte man sich dort jahrelang verstecken. Für alle anderen sind ein paar Tage oder eine Woche dort schon Wohltat genug. Aber Eile ist geboten, bevor Ko Kut das nächste Phuket wird.

Bann Makok

Die Mangrovenwälder von Ko Kut sind beeindruckend und voller Überraschungen. Die unglaublich grünen Wälder schlängeln sich am Wasser entlang, werden landeinwärts dichter, und dann, wenn man am Ende der Zivilisation angekommen zu sein glaubt, stößt man auf ein wunderbares, absolut originelles Restaurant auf Stelzen mitten im Wasser.

RIVIERA MAYA
MEXIKO

DESEO

Mayatempel, italienische Restaurants und eine 24-Stunden-Partyzone mit Zimmern, Bad und Swimmingpool

Das Deseo ist mein Lieblingshotel an der wunderschönen Riviera Maya. Es ist originell, skurril, amüsant und schafft, was in der Hotelbranche allgemein als unmöglich gilt: sexy, elegant und preiswert zu sein.

Die Riviera Maya erstreckt sich entlang der Karibikküste der mexikanischen Halbinsel Yucatán von Cancun bis zur Grenze nach Belize und blickt südsüdwestlich auf die Kaimaninseln. Vor Jahrhunderten war diese idyllische Gegend mit ihrem puderig weißen Sand, türkisfarbenem Wasser und grünem Dschungel Teil des Mayareichs, daher der heutige Name. Die Maya erbauten gewaltige Tempel und Pyramiden; ihr Imperium reichte bis nach Guatemala hinunter. Doch ihre einzigartige Zivilisation zerfiel und wurde vom Dschungel zurückerobert. Ein Relikt davon kann man indes besichtigen, ohne sich mit der Machete durch den Urwald zu schlagen. Die alte Festung von Tulum liegt am Rand einer der weißen Sandstrände, die die Gegend zum beliebtesten Touristenziel in Zentralamerika werden ließen. Sie ist wahrhaft beeindruckend, und erfreulicherweise ist die mexikanische Regierung nicht allzu penibel mit Regeln und Vorschriften für Besucher. Abgesehen von wenigen gesperrten Bereichen kann man in der ganzen Anlage herumklettern und sich wie in Mel Gibsons Film „Apocalypto" (2006) fühlen.

Heute entsteht an der Riviera Maya ein neues Imperium: Alle großen Hotelgruppen haben an diesem Küstenabschnitt Resorts errichtet, meist die übliche Mixtur aus Bungalows, Privatpools, Fusion-Cuisine-Restaurants und Ultrawellness, wie sie die Banker dieser Welt offenbar bevorzugen und die man während des gesamten Urlaubs nicht verlässt. Sicherlich wird man dort umsorgt und verwöhnt, aber man sieht nichts vom Land und erlebt noch weniger.

Lieber als solche vergoldeten Käfige ist mir die Atmosphäre in Playa del Carmen, einem winzigen Fischerdorf, das italienische Besucher entdeckten, als sie dem geballten „Mini-Miami-Tourismus" von Cancun entfliehen wollten. Wenn Italiener einen idyllischen, schönen Ort erschließen, statten sie ihn mit Komfort aus, ohne die Atmosphäre zu zerstören. In Playa del Carmen gibt es keine Hochhäuser, keine Spielcasinos, keine Eigentumswohnungen, keine riesigen Strandhotels, die die natürliche Bewegung des Sands blockieren und Erosion verursachen. Es ist überschaubar geblieben und hat seinen dörflichen Charakter bewahrt. Zwar findet man den einen oder anderen Laden mit Souvenirs für Touristen, aber weitaus mehr italienische Restaurants. Sehr viele italienische Restaurants, um genau zu sein – alle mit Holzveranden, Strandblick und authentischen Speisen.

Doch ein Hotel in der Ortsmitte hält sich an keine Regeln. Das Deseo hat sich mit gewagter Architektur und seiner entspannten, lässigen Einstellung einen großen Namen gemacht. Es ist eine Kreation von Carlos Couturier und Moises Micha, die vor zwölf Jahren die Habita-Gruppe gründeten und mit ihrem ersten Hotel in Mexiko-Stadt die Vorherrschaft langweiliger Business-Hotels brachen. Nach dem Deseo erbauten Couturier und Micha bahnbrechende Hotels

in ganz Mexiko und konnten mit dem ausgefallenen Americano sogar in New York Fuß fassen. Sie arbeiten mit den modernsten Architekten und Designern zusammen. Der Kern ihres Erfolgs liegt jedoch darin begründet, dass sie Mexikaner sind. Ihre kulturellen Wurzeln beinflussen ihre Schöpfungen, ohne dass dies auf den ersten Blick ersichtlich wäre. So prägen das Deseo weiße Wände und moderne Details, aber die Basis der Gestaltung bildet das architektonische Erbe der Maya und die einzigartige Kultur der Halbinsel Yucatán. Das Erdgeschoss des Gebäudes ist wuchtig, massig und unzugänglich. Es hat keine Fenster und Türen, keinen nennenswerten Raum, wie das Fundament einer Pyramide: ein massiver, monumentaler Steinklotz, der an die kleineren, abgeflachten Bauwerke der Mayaanlage im nahen Tulum erinnert. Über die hinter dem Eingang verborgene Treppe gelangt man in einen großen erhöhten Bereich, ähnlich den Rampen der Mayapyramiden, wo man einst Spiele austrug und Opferzeremonien abhielt. Der Vergleich ist sehr passend, denn dieser Raum des Deseo ist einem wilden gemeinsamen Ritual gewidmet: Er dient als 24-Stunden-Partyzone mit Swimmingpool und bequemen Schlafsofas, einer Bar, einem kleinen Restaurant und ab sechs Uhr abends einem DJ. Einen Partyraum gibt es in den meisten Hotels, das Deseo hingegen ist ein Partyhotel, in dem es zufällig auch Räume gibt, wo die Gäste schlafen können. Schlafen wird allerdings nicht empfohlen und kommt, da die meisten Zimmer rund um die PPP („Pyramid Party Platform") liegen, auch kaum infrage, es sei denn mit robusten Ohrenstöpseln. Aber wozu früh ins Bett? Dies ist ein Haus mit Latino-Seele, in dem niemand geschäftlich absteigt. Das Wachbleiben fällt leicht: Die Musik ist mitreißend, man trifft sich auf Drinks, geht Abendessen, nimmt noch ein paar Drinks, springt kurz in den Pool und trinkt dann weiter. Die Musik wird unterdessen lauter, und ehe man sich's versieht, ist es vier Uhr früh. Wenn dann die Musik langsam ruhiger wird, legt man sich schließlich schlafen. Wahrscheinlich ist das Deseo das einzige Hotel, in dem man nicht geweckt, sondern zu Bett geschickt wird. Tagsüber lässt sich das Deseo mit einem Wort beschreiben: entspannt. Die Gäste treffen ziemlich genau in der Reihenfolge, in der sie schlafen gegangen sind, wieder in der Partyzone ein. Es passiert nicht viel; man isst, trinkt (vorwiegend starken Kaffee) und schwimmt ein wenig im Pool. Am frühen Nachmittag unternehmen die meisten einen Stadtbummel und suchen sich ein schönes Restaurant zum Essen. Der Rhythmus des Lebens hier erinnert mich an Byron Bay an der Küste von Queensland in Australien: die ganze Nacht Party, spät aufstehen, spät essen, und schlafen, wann man Lust hat. Die Restaurants haben zu den seltsamsten Zeiten geöffnet, und frühmorgens ist so gut wie niemand am Strand, außer bei starkem Seegang – dann jedoch strömen die Surfer in Massen zum Meer.

Ein stilles, abgelegenes Refugium ist das Deseo wirklich nicht, aber definitiv die lateinamerikanischste (und angemessenste) Weise, diesen außerordentlichen Teil der Welt zu genießen.

Weiß, reduziert und unerwartet modern – das Deseo setzt auf Schlichtheit und Glaubwürdigkeit. Deshalb findet man typische Elemente eines sonnigen Urlaubsresorts, etwa Strohhut, Bananen und Sonnencreme, an einer Wäscheleine im Gästezimmer. Was haben Sie erwartet – einen Souvenirladen?

ESSAOUIRA
MAROKKO

AUBERGE DE TANGARO

Ein Nirwana für Kitesurfer und ein Paradies für Liebhaber stilvoller Authentizität an der marokkanischen Atlantikküste

Die geheimnisvolle Faszination, die seit jeher Abenteurer nach Marokko zieht, lebt in der Auberge de Tangaro weiter. Das Hotel liegt auf dem höchsten Punkt eines Vorgebirges, von dem man auf die historische Stadt Essaouira blickt, und bietet eine spektakuläre Aussicht auf die zerklüftete, windgepeitschte marokkanische Atlantikküste. Essaouira ist nahe genug für einen Abstecher zum Kaffeetrinken oder einen Ausflug zum Souk, trotzdem liegt das Hotel so weit vom Stadtzentrum entfernt, dass man die Abgeschiedenheit und Schönheit der Landschaft in Ruhe genießen kann. Von der Anlage mit den kalkweißen Wänden und blau gestrichenen Fensterläden führt eine staubige Straße vorbei an grasenden Kamelen und verlassenen maurischen Gebäuden hinab zu beeindruckenden Stränden. Wuchtige Wellen und starker Wind machen die Gegend zu einem Dorado für Kiteboarder und Surfer. Wer eher das traditionelle Marokko sucht, findet es in der Auberge de Tangaro. Hier gibt erst seit Kurzem elektrischen Strom, aber der Speiseraum ist nach wie vor nur von Kerzen erleuchtet, gekocht wird mit Gas. Das macht das Hotel nur noch authentischer und charmanter. Die Badezimmer sind mit typisch marokkanischen Zilij-Kacheln in Blau und Weiß, alle Böden mit handgemachten Terrakottaplatten gefliest. Die meisten Zimmer bieten kaum mehr als ein Bett, Tisch, Stühle und einen offenen Kamin. Diese stilvolle Schlichtheit passt ideal zum nordafrikanischen Klima und entspricht der Lebensweise, die man hier seit mehr als tausend Jahren pflegt.

Die Leichtigkeit und Eleganz verrät die Hand eines Betreibers, der sich sehr für Design interessiert. Dass er Italiener ist, überrascht nicht. Er verwandelte das einstige Bordell am Stadtrand in ein Refugium, das Reisenden alles bietet, was sie in diesen Teil der Welt zieht. Moderner Komfort wie WiFi und Satellitenfernsehen würden den Zauber ruinieren. Die Schlichtheit des Ganzen zwingt einen geradezu, Details und Nuancen der Umgebung zu würdigen und zu genießen: die trockene, salzige Luft, das reichhaltige Angebot an Fisch auf den Märkten der Stadt, die portugiesische Kolonialarchitektur und die einmalige Verschmelzung von islamischer Kultur und Berberkultur.

Essaouira selbst hat eine bewegte Geschichte. Es war einst ein streng gehütetes Geheimnis des Römischen Reiches. Auf einer Insel vor der Küste stellte man aus Schneckensekret den kostbaren Purpurfarbstoff her, der nur für die Toga des Kaisers und die Schärpen von Senatoren verwendet werden durfte. Ursprung und Herstellungsverfahren des Farbstoffs galten als Staatsgeheimnis. Im 16. Jahrhundert erlebte Essaouira einen zweiten Frühling als portugiesischer Handelshafen. Aus dieser Zeit sind so viele Bauwerke erhalten, dass Orson Welles einen Teil seiner Shakespeare-Verfilmung „Othello“ (1952) dort drehte. Besonders stolz sind die Einwohner jedoch darauf, dass Jim Morrison, der feierfreudige Sänger der Doors, hier in den 1960er-Jahren einen ganzen Sommer verbracht haben soll. Wo er wohnte, weiß offenbar niemand mehr, aber die Geschichte ist wichtig für das Bohème-Image der Stadt, die auch deshalb als Afrikas Antwort auf Bali gilt. Statt Rockstars kommen heute Surfer, die Hippie-Atmosphäre ist jedoch immer noch spürbar. Die Leute sind freundlich, es gibt eine sehr lebendige Café-Szene und alles ist billiger als in Marrakesch.

Ehrlich gesagt war meine erste Reise nach Essaouira nicht angenehm. Ich besuchte zum ersten Mal Marokko und hatte in letzter Minute beschlossen, mich einer Gruppe anzuschließen, die ein herrliches Haus in der Palmerai von Marrakesch gemietet hatte. Als unser British-Airways-Flug kurz nach Einbruch der Dunkelheit landete, freuten wir uns auf das Haus, und alle eilten durch die Zoll- und Einwanderungskontrollen zu unserem Auto mit Chauffeur, das draußen wartete. Das heißt: alle außer mir. Ich wurde festgenommen, weil ich kein Visum hatte. Eine Woche zuvor hätte ich noch keines gebraucht, aber Marokko hatte wegen eines diplomatischen Streites mit der niederländischen Regierung über die Renten marokkanischer Einwanderer eine Visumpflicht für niederländische Reisende eingeführt. Dass kein Reisebüro und nicht einmal die niederländische Botschaft etwas davon wusste, spielte keine Rolle. Nun büßte ich für meine lockere Einstellung: Ich besaß nur einen niederländischen Pass, weil ich zu faul gewesen war, mir einen australischen oder amerikanischen zu holen. Nach ein paar nervenaufreibenden Stunden beschlossen die marokkanischen Beamten, mich einreisen zu lassen – gegen ein Bußgeld in bar. Aber Marrakesch war den Ärger wert. Es ist eine berauschend exotische Stadt. Nach ein paar Tagen der Eingewöhnung in Südmarokko

beschlossen die mutigeren Mitglieder unserer Gruppe, eine Expedition nach Essaouira zu unternehmen. Die Fahrt von Marrakesch dauerte ungefähr drei Stunden, kurz vor dem Mittagessen kamen wir an. Wir spazierten durch die Altstadt, besuchten den Souk und wollten dann in einem guten Fischrestaurant essen. Da wir am Meer waren, gingen wir davon aus, dass der Fisch frisch war, aber auf halbem Weg zurück schlug „Montezumas Rache" zu. In Marokko Auto zu fahren ist eine Sache. Mit der „doppelten Qual" einer Fischvergiftung ist es unerträglich. Für eine Tankstelle mit sauberer Toilette hätten wir alles gegeben! Bei meinem zweiten Besuch an der marokkanischen Atlantikküste war diese Erfahrung noch frisch in meiner Erinnerung. Meine Freunde wollten zum Hafen von Essaouira und die Fischereiflotte ansehen. Ich ließ mich überreden, aber der Geruch war nicht eben blumig und erinnerte mich allzu sehr an meinen ersten Besuch. Er rief aber auch einen der wesentlichen Vorzüge der Auberge de Tangaro ins Gedächtnis. Die Altstadt von Essaouria ist bezaubernd authentisch; da sie aber einer der größten Fischereihäfen Nordafrikas ist, wird die ganze Stadt in eine Duftwolke gehüllt, wenn der Wind aus einer bestimmten Richtung weht. Die Auberge de Tangaro liegt glücklicherweise gegen die Windrichtung und weit genug außerhalb der Stadt, um dem Gestank entgehen zu können.

Wind, Sand und Sonne zu Preisen wie in der Hippie Ära – die Auberge de Tangaro ist ein idealer Ort, um exotische Aussteigerträume wahr werden zu lassen.

Südmarokko hat eine ganz eigene mystische Magie, die mehr als die Summe ihrer Teile ist. Sie feuert Schriftsteller an, inspiriert Musiker und zieht Reisende an. Simple Bauelemente und gewöhnliche architektonische Formen erscheinen hier auf merkwürdige Weise exotisch. Die Auberge de Tangaro ist etwas Besonderes: ein fantastischer Ort, dessen Magie sich nicht vollständig ergründen lässt.

Etnia Pousada
Rua Principal no. 25
Caixa Postal 142
Trancoso
Bahia 45818-000
Brasilien
+55 (0) (73) 3668 1137
http://www.etniabrasil.com.br/

The Apsara
Ban Phanluang
Luang Prabang 06000
Laos
+85 (0) 671 254 670
info@theapsara.com
http://www.theapsara.com/

Château de Massillan
Chemin Hauteville
Uchaux 84100
Frankreich
+33 (0) 490 4064 51
http://www.chateau-de-massillan.com/

Albergo da Giovanni
via di Mezzo Franco 10
Località Giglio Campese 58012
Isola del Giglio
Italien
+39 (0) 564 8040 10
http://www.albergodagiovanni.it/

Shali Lodge
Midan El Souk
El Seboukha Street
Siwa, Matruh
Ägypten
+20 (0) 46 460 2399

La Maison du Bassin
5 rue des Pionniers
33950 Lège Cap Ferret
Frankreich
+33 (0) 556 606 063
lamaisondubassin@gmail.com
http://www.lamaisondubassin.com/

Muang Kulaypan
100 Moo 2
Chaweng Beach
Bophut
Koh Samui
Suratthani 84320
Thailand
+66 (0) 77 422 305
http://www.kulaypan.com/

Satri House
057 Photisarath Road
Ban Thatluang
Luang Prabang 06000
Laos
+85 (0) 6 71 253 491
info@satrihouse.com
http://www.satrihouse.com/

Fort Tiracol Heritage Hotel
Tiracol 403524
Pernem
Goa
Indien
+91 (0) 2366 227631/ (0) 9767429919
forttiracol@yahoo.com
http://www.forttiracol.com/

La Posada del Faro
Calle de la Bahia Esq. Timonel
Faro Josè Ignacio
Uruguay
+59 (0) 8 4486 2110
http://www.posadadelfaro.com/

Le Manoir
Île de Port Cros
83400 Hyères
Frankreich
+33 (0) 04 94 05 90 52
http://www.hotel-lemanoirportcros.com/

Korakia Pensione
257 S. Patencio Road
Palm Springs, California 92262
USA
+1 (0) 760 864 6411
http://www.korakia.com/

Waka Nusa
Nusa Lembongan
(Lembongan Island)
Bali 80771
Indonesien
http://wakanusa.com/

Rancho De La Osa
P.O. Box 1
Sasabe, Arizona, 85633
USA
+1 (0) 520 823 4257
osagal@aol.com
http://www.ranchodelaosa.com/

Hotel Raya
Via S. Pietro
98050 Panarea
Sizilien
Italien
+39 (0) 090 983013
info@hotelraya.it
http://hotelraya.it/

Lagoona Davina
TC68/2054 Pachalloor Village
Trivandrum 695 027
Kerala
Südindien
Indien
+91 (0) 471 238 0049 / 238 3608
finddavina@hotmail.com
lagoonadavina@hotmail.com
http://www.lagoonadavina.com

Le Sénéchal
6 rue Gambetta
17590 Ars-en-Ré
Frankreich
+33 (0) 546 2940 42
hotel.le.senechal@wanadoo.fr
http://www.hotel-le-senechal.com/

The Prairie Hotel
Corner of High Street and West Terrace
Parachilna, South Australia 5730
Australien
+18 (0) 00 331 473
reservations@prairiehotel.com.au
http://www.prairiehotel.com.au/

Waka di Ume
Jl. Suweta
Br. Sambahan
Ubud 80571
Bali
Indonesien
http://wakadiume.com/

Tigmi
Douar Tagadert el Kadi
Km 24 Route d'Amizmiz
Region de Marrakech
Marokko
+212 (0) 524 4840 20
info@tigmi.com
http://www.tigmi.com/

Pousada Picinguaba
Rua G, 130,
Vila Picinguaba
Ubatuba
SP 11680-000
Brasilien
+55 (0) 12 3836 9105
info@picinguaba.com
http://www.picinguaba.com/

La Baronnie
17 & 21, rue Baron de Chantal
17410 Saint-Martin-de-Ré
Frankreich
+33 (0) 5 46 09 21 29
info@hotel-labaronnie.com
http://www.hotel-labaronnie.com/

Atelier sul Mare
Via Cesare Battisti, 4,
98070 Castel di Tusa
Messina
Italien
+39 (0) 921 334 295
info@ateliersulmare.it
http://www.ateliersulmare.it/

Marsam Hotel
Qurna
West Bank
Luxor
Ägypten
+20 (0) 952 372 403
marsam@africamail.com

Samode Bagh
Samode 303806
Jaipur
Rajasthan
Indien
+91 (0) 1423 240 235
http://www.samode.com/bagh/intro.html

Hotel Signum
Via Scalo, 15
98050 Malfa
Salina
Messina
Italien
+39 (0) 9098 44222 4375
info@hotelsignum.it
http://www.hotelsignum.it/

Weingut Marianne
Valley Road, off R44
Stellenbosch 7599
Republik Südafrika
+27 (0) 21 875 5040
info@mariannewinefarm.co.za
http://www.mariannewinefarm.co.za/

Captain Hook
23/1 Rat-Uthid Road
Bangpha
Meung
Trat 23000
Thailand
+66 (0) 2966 1800 2
info@captainhookresort.com
http://www.captainhookresort.com/

Deseo
5a. Avenue y Calle 12
Playa del Carmen
Quintana Roo
Mexiko 77710
+52 (0) 555 282 2199
contact@hoteldeseo.com
http://www.hoteldeseo.com/

Auberge de Tangaro
Domaine de Mogador
Quartier Diabat
Essaouira
Marokko 44000
+212 (0) 524 784 784
aubergetangaro@gmail.com
http://www.aubergetangaro.com/

Autorisierte deutsche Ausgabe veröffentlicht von NATIONAL GEOGRAPHIC DEUTSCHLAND
(G+J/RBA GmbH & Co. KG), Hamburg 2013.

Titel der Originalausgabe: Amazing Places Cost Nothing

Mitarbeiter der deutschen Ausgabe
Übersetzung: Michael Sailer für bookwise GmbH, München
Lektorat und Satz: Anne-Kathrin Wahler, bookwise GmbH, München

Titelgestaltung: www.anjagrimmgestaltung.de (Gestaltung),
www.stephanengelke.de (Beratung)
Druck: C&C Offset Printing Co. Ltd, China

ISBN 978-3-86690-343-2

Die National Geographic Society, eine der größten gemeinnützigen wissenschaftlichen Vereinigungen der Welt, wurde 1888 gegründet, um «die geographischen Kenntnisse zu mehren und zu verbreiten». Sie unterstützt die Erforschung und Erhaltung von Lebensräumen sowie Forschungs- und Bildungsprogramme. Ihre weltweit mehr als neun Millionen Mitglieder erhalten monatlich das NATIONAL GEOGRAPHIC-Magazin, in dem die besten Fotografen ihre Bilder veröffentlichen sowie renommierte Autoren aus nahezu allen Wissensgebieten der Welt berichten. Ihr Ziel: *inspiring people to care about the planet*, Menschen zu inspirieren, sich für ihren Planeten einzusetzen.

Die National Geographic Society informiert nicht nur durch das Magazin, sondern auch durch Bücher, Fernsehprogramme und DVDs.

Falls Sie mehr über NATIONAL GEOGRAPHIC wissen wollen, besuchen Sie unsere Website unter www.nationalgeographic.de.